AF257409

SUPPLÉMENT.

VIE

DU

DUC DE REICHSTADT.

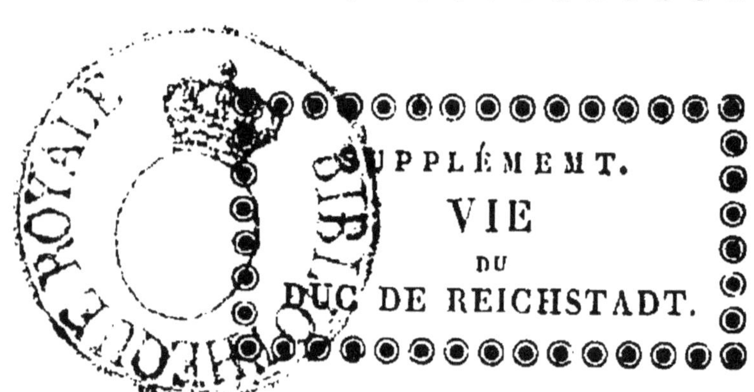
SUPPLÉMEMT.

VIE

DU

DUC DE REICHSTADT.

PRÉCIS HISTORIQUE

LE DUC DE REICHSTADT.

AVEC SON PORTRAIT.

PAR M. FAYOT.

PARIS,

MANSUT, FILS, LIBRAIRE,

RUE DE L'ÉCOLE DE MÉDECINE, N° 4;

ET CHEZ L'ÉDITEUR, RUE DES PYRAMIDES, N° 4.

1832.

M. NAPOLÉON

BONAPARTE,

NÉ ROI DE ROME

Et héritier présomptif de l'Empire Français,
depuis duc de Reichstadt.

———

Le jeune Duc était né le 20 mars 1811, au palais des Tuileries, au milieu des joies de Paris, qui passèrent immédiatement au bruit du canon et des courriers dans tout l'Empire. On célébra cette heureuse naissance, de la Seine jusqu'à la

Neva, du détroit de Reggio jusqu'à la mer de Cadix ; les peuples et les princes félicitèrent le glorieux père du bonheur qui servait ses projets, et des vœux chers à son cœur.

Napoléon (François-Charles-Joseph) fut de bonne heure, aux Tuileries, un enfant intelligent et aimable. — Je ne rappellerai, dans ce précis, que quelques détails de sa première enfance ; le reste n'est pas de l'histoire comme notre temps la veut, ni de la biographie.

En 1814, le 3o mars, quand son oncle, l'ancien roi d'Espagne, le digne M. Joseph Bonaparte, fut obligé de faire transférer le siége du gouvernement de Paris à Blois, madame de Montesquiou, la généreuse gouvernante du roi de Rome, eut une véritable peine à l'emporter du

château. « Maman *Quiou*, lui disait-
» il, je veux rester. » Ce petit fait, qui
n'était point le résultat d'un caprice,
à en juger d'après ses abondantes
larmes et sa tenacité, a été remarqué au milieu de la fuite générale ;
quelques personnes en étaient atten-
dries. — Je n'attache pas à ces mou-
vemens-là plus d'importance qu'ils
ne méritent ; pourtant l'histoire,
quand ces faits ont frappé des con-
temporains distingués qui en étaient
témoins, peut en tenir note. Plu-
tarque est plein de pareils souvenirs.

Et puis, dans ces circonstances so-
lennelles et terribles, les témoins et
les amis doués de quelque esprit
religieux, voyant crouler tout-à-coup
la fortune la plus formidable, purent
croire qu'une puissance supérieure

portait les coups et renversait : ils cherchèrent à voir ces coups dans des incidens mystérieux, au lieu de les voir dans le déplacement du grand nombre et dans une réaction victorieuse contre la force. Peut-être bien que quelque chose de secret et de surnaturel avertit la créature humaine quand la base de son existence va s'affaisser et disparaître. Dans ce caractère si mobile ou plutôt si vague d'un enfant, dans ces impressions qui passent comme a déjà passé sa vie sans pensées, dans ces premières impressions que rien ne peut fixer, mais qui ressemblent déjà, bien que légèrement, à une souffrance, à des peines, n'y a-t-il rien qui nous prévienne et comme la perspective confuse de l'avenir? La raison, je le sais, ne répond pas à cette nature de questions ; on n'a pas , dit-elle , les pressentimens clairvoyans dans un âge aussi tendre.

A cela on peut aussi objecter que la raison, bien que superbe, est courte dans ses aperçus, et qu'elle est très-loin de pouvoir rendre compte de tout.— Mais je poursuis mon récit, cette biographie du jeune prince.

A Vienne, en 1817 ou 1818, une anecdote a couru dans quelques hauts salons. Un chambellan venait d'annoncer chez la mère du jeune duc le vieux feld maréchal prince de Ligne, ce représentant si spirituel de la dernière société polie de l'Europe. «Maman, répond aussitôt l'enfant qui se lève avec une sorte de vivacité nerveuse, ne le reçois pas, c'est un de ces maréchaux qui ont trahi mon père. » Ce fait n'est pas encore bien significatif, et alors même que je le corroborerais par d'autres de cette nature, je ne lui ferais pas dire grand'chose ; seulement il laisse voir un germe d'intelligence prématurée.—Il y avait donc des germes dans cet enfant ? Ceux qui l'ont vu à l'âge dont je parle (1818) n'ont pas oublié les signes d'intelligence rapide et de bonté qu'il donnait déjà : ces germes, qui n'étaient alors qu'une probabilité pour l'avenir, avaient produit depuis ce qu'ils avaient promis.

A quinze ans, ce jeune homme sut parfaitement ce qu'était sa position dans le monde. C'est le moment de la vie où les pensées des jeunes gens prennent de l'intérêt parce qu'elles surgissent de leurs premières réflexions, de leurs premières expériences, de la vie, d'eux-mêmes enfin, de la vivacité des sentimens les plus francs et les plus aimables.

Alors il connaissait depuis long-temps son origine. Il avait reçu cette connaissance comme nous recevons nous-mêmes celle de nos parens, aussi complète, aussi vite.

Sa mère, malgré une conduite qui a mérité, dit-on, plus d'un blâme sévère, se plaisait à reporter ses idées vers cette origine.

Lorsque le jeune prince eut acquis les premiers élémens des langues, l'étude des mathématiques remplit la grande partie de son temps. Sa sagacité naturelle saisit prompte-ment leur esprit et leurs rapports généraux. Il était même intéressant

à entendre. Dans ces commence-
mens du travail des hautes études,
des indolences subites dont il ne
pouvait facilement triompher, cette
lassitude des personnes douées d'u-
ne organisation frêle venaient le sur-
prendre ; d'autres fois, soit que le mal
cédât à une nature jeune, soit que
le jeune duc en fût distrait par ses
impressions, son travail était fait
avec la plus ardente application et
une grande netteté. Dans ces ins-
tans, sa clairvoyance étonnait ses
professeurs.—Il avait acquis à cet âge
de quinze ans, les notions qui cons-
tituent chez nous les études classi-
ques.—Le duc de Reichstadt savait
plusieurs langues. Il parlait l'allemand et surtout le français comme
on le parle dans la meilleure société.
La langue polonaise lui était aussi

familiaire que le français, et il s'y exprimait avec plaisir.

Quelques Polonais bien instruits des affaires de l'Europe, savent qu'il fut frappé et distribué à Cracovie, en 1829, une petite pièce de monnaie avec son portrait entouré de cet exergue : « Napoléon-François-Charles-Joseph, roi de Pologne. » Le cabinet de Vienne jetait-il là le premier fondement d'un projet politique ?

En hiver et au printemps, on le rencontrait journellement dans les rues de Vienne ou aux réceptions du soir à la cour. Dans les promenades du Prado, il conduisait lui-même son cabriolet ; il montait très-bien à cheval et aimait beaucoup cet exercice, quoiqu'il parût le fatiguer. Dans l'aristocratique société de Vienne, on citait des réparties aimables et des mots spirituels de ce jeune homme. Ses traits, dans l'expression d'une première joie, offraient d'abord une grande candeur; et, lorsque ce sentiment s'y était effacé, cette expression était remplacée par je ne sais quoi de soucieux, de grave, de douloureusement imposant qui annonçait de la souffrance, de la réflexion et le retour d'une pensée triste et fixe; il aimait les jeunes archiducs et en était aimé. — Le vieil empereur avait pour lui des soins paternels, et ce jeune homme les lui payait par beaucoup d'affection et de déférence. Les personnes qui vivent auprès de ces princes ont remarqué souvent que la vie du vieil empereur, qui a dans ses mœurs et dans ses goûts la plus belle simplicité, était, de la part du fils de Napoléon, l'objet d'une attention aussi exacte que religieuse. Il assistait souvent à ces audiences du matin que François II accorde au peuple de Vienne ; mais cet art d'administrer la justice avec une bonté paternelle qu'il venait étudier, devait être stérile en lui : la mort devait se jouer de cette réunion de connaissances rares, d'aptitudes généreuses et fécondes dans un jeune prince !

C'est à Schœnbrunn, dans ce palais où son père descendit deux fois le maître de l'Autriche battue et de l'Europe, qu'il passait les beaux jours de l'année auprès d'une partie de sa famille. Sa mère l'a rarement habité et peu de temps ; elle retournait en Italie. Le jeune prince y continuait ses études et s'y occupait de jardinage. C'est le goût naturel et vif des princes autrichiens.—Il cultivait là une portion du clos bêché par les mains qui gouvernent la monarchie; et, bien qu'il s'y fût attaché avec cette vivacité de passion que ressentent particulièrement les personnes débiles, sa culture n'avait pas pour objet des plantes uniques, mais de simples et bons légumes, quelques roses et quelques fruits. Cette occupation lui offrait avec ses courses à cheval, ses plaisirs les plus vifs.

Un ami qui a traversé ses appartemens un matin qu'il était à la promenade, n'y a trouvé qu'un ameublement antique et simple. Sa chambre à coucher était spacieuse et haute; il n'y a vu que quelques meubles. Une grande table était là, chargée de cartes détachées sur lesquelles

le prince venait de faire des recherches ; un amas de notes et des traits
au crayon l'indiquaient.—Il a remarqué, dans quelques rayons ouverts
de la bibliothèque, divers volumes
remplis de notes volantes. Il a lu les
titres des *histoires de Charles-Quint*,
par Robertson, celle de Gibbon, le
volume de la *Grandeur des Romains*
de Montesquieu. Les murs de cette
demeure du fils du grand César n'é-
taient point ornés de tableaux, ces
décorations accoutumées des palais
allemands. Il a vu seulement auprès
de son lit quelques gravures, plusieurs cravaches fines et des éperons
luisans.—Une de ces estampes re-
présente Bonaparte, premier consul,
se promenant, une main placée dans
son gilet, sur la pelouse du château
de la Malmaison, d'après un admi-

rable dessin d'Isabey. Ce voyageur a vu sur la cheminée un beau buste de Canova représentant François II. — Le jeune prince paraissait s'occuper avec ardeur d'études géographiques. De cet appartement on jouit d'un beau point de vue sur les jardins. —

L'archiduc Charles, son oncle et son ami, prince vénérable, le conduisait chaque année, le 5 mai, dans une petite église de Vienne, où un service commémoratif était célébré pour son père. La douleur du vieux guerrier et du jeune duc était visible.—Je copie des souvenirs.

Voici ce qu'une autre personne a raconté : c'est un anglais qui avait été témoin de la scène; il avait vu le jeune duc recueillant pour prier toutes ses forces dans ce sentiment d'amour et de douleur, qui peut nous faire croire, dans la chaleur de l'exaltation, que nous sommes entendus de ceux que nous pleurons ! Ses joues pâles s'étaient allumées, des larmes baignaient ses yeux, ses mains étaient jointes avec une vivacité contractive. Peut-être qu'alors, il rapprochait dans ses pensées désespérées, la captivité de Sainte-Hélène, des jours où, maître du monde, la pensée de son père lui léguait déjà tous les diadêmes des Martels qu'il avait reconquis et réunis !

— Ce jeune homme qu'on nous peignait à Paris, « glacé par une » éducation autrichienne, ignorant » sa naissance, » ne sortait jamais de ce service funèbre qu'épuisé, malade pour plusieurs jours et les traits affaissés par la douleur. —

—Ses regards, pendant sa vie, se

sont rarement détournés de la France; cependant, il n'a pas laissé percer sa pensée, du moins cette pensée complète. Il suivait toutes nos discussions parlementaires depuis 1827 ; il se mettait au courant de tout, mais sans bruit ; son intelligence, appuyée, dans les derniers temps, par les méthodes d'examen qu'il devait aux sciences, était rapide et élevée. Il concevait ses idées avec une grandeur frappante et vite ; mais l'expression et les développemens en restaient souvent imparfaits, à cause de cette faiblesse maladive qui reprenait fréquemment le dessus dans son organisation. On ajoute que, dans certains momens, il poursuivait ces développemens avec un feu, une rapidité et une éloquence magiques ; qu'il s'y élevait avec une effrayante énergie pour sa santé et sa vie.

Insouciant, ardent, mobile, avide de connaissances, vous le trouviez, après le travail de l'étude, dans la méditation, calme, mais la prunelle en feu. Souvent, hélas ! il venait de quitter la page où l'Empereur, son père, avait consigné des faits admirables ou un conseil.—Les personnes qui l'entouraient l'ont vu, sans cesse pendant quatre années, reprendre la lecture des *Mémoires* dictés par Napoléon, et le *Journal de M. de Las-Cases* et celui de M. O'Méara ; livres où cet homme illustre a laissé, en causant, les grandes idées qui lui avaient donné le gouvernement de la France, l'appui du pays.

— Étudiait-il ces ouvrages pour y reprendre cette pensée et se l'approprier? et s'il songeait à la reprendre si intimement, si à fond, il songeait donc à nous! Mais quelle tâche il envisageait là! régner sur les Français!! — Son père avait gouverné la France et régné en maître, mais dans un moment favorable pour cela; et puis il avait régné par les plus belles nouveautés, par des victoires, des lois d'égalité, par le génie et par le plus imposant génie, dans un temps où il fallait affermir les institutions ou les créer : les circonstances lui avaient décerné la dictature. Alors sa main n'a plus connu d'obstacles, et la mission a été accomplie, les institutions assises et données. — Nous n'avions point ces services à demander à ce jeune homme. D'ailleurs, il n'avait pas les talents de cet incomparable père; il n'aurait point eu son autorité morale. En venant, il n'eût fait que compromettre ses intentions généreuses et son beau nom dans nos essais politiques. Une belle place, à l'écart, loin de nous, était donc tout ce que la fatalité lui réservait. Avait-il compris tout ce rôle héroïquement passif, sur lequel il a eu certainement quelques idées, et des idées justes? La mission de son père était finie; — Il l'a vu, on ne peut en douter. Ces recherches du jeune prince n'étaient conséquence que des choses de pure étude, je le crois sincèrement; après cela peut-être n'était-il pas, par momens, sans une sorte de foi dans l'avenir, foi que lui inspiraient ses jeunes parens, les Bonaparte, en rapports secrets avec lui, les plus intéressans des hommes, et ce grand souvenir de la gloire de son père, dont il trouvait toute l'Europe remplie.

Ses facultés aussi purent lui donner des espérances, car elles se montrèrent à dix-neuf ans parfois surprenantes. Ces facultés étaient déjà riches de ces études positives, pleines de vues, nettes et froides, que les sciences nous communiquent.

A la cour de Vienne, tous les jeunes princes croyaient à sa fortune, et ne le lui cachaient point. Ces archiducs, ses compagnons d'études et de jeux, ne le séparaient pas, dans la vie, d'une destinée merveilleuse.

Le duc de Reichstadt était doux, vif, et il avait des éclairs de gaîté dans sa société habituelle ; la politique seule avait le pouvoir d'obscurcir

soudainement ses traits. Vous le trouviez aussitôt grave et peu expansif,
comme s'il eût craint d'espérer,
comme s'il eût redouté de montrer
son avenir, du moins celui que lui ar-
rangeaient quelque fois ses rêves. Ces
sujets restaient couverts par son silence ; les seuls faits en eux-mêmes
pris comme objet d'étude, avaient le
pouvoir de le faire causer. — Sa con-
versation était légère, rapide et douce
dans le mouvement d'un grand cercle, à la cour : il y écoutait beaucoup
et jouissait là de ce rare avantage que
lui valait l'affection de ses parents
au sein de cette cour où tout est
laissé au rang, d'être un sujet de
toutes les prévenances. Aussi , il ne
s'y disait rien d'intéressant qu'il ne
désirât se l'approprier par ses questions; chacun y répondait avec bien-

veillance. Ses maîtres ont remarqué qu'il retenait tout avec un choix élégant et précis de paroles. Son esprit, grâce à cette première bonne direction, s'est montré ennemi du vague.

Je crois que comme l'a dit un écrivain d'un haut talent : « C'est l'examen sévère fait par ce prince, après la révolution de juillet, des difficultés, non personnelles, premières, mais ultérieures, qui eussent suivi son retour en France, qui l'a tué. » Ce manque d'un rôle précis et digne à prendre l'a désenchanté ! — Alors il a épuisé dans des rêveries cette surabondance d'énergie qui lui donnait ses pensées. Les journaux de l'opposition française lui étaient remis fidèlement et il les dévorait. Sa sympathie patente, d'après ce que ses actions en laissaient apercevoir, était pour les hommes de juillet, pour ceux qui appartenaient aux jeunes idées. Le *National* et le *Courrier Français* règlaient sa pensée, et seuls dans sa conviction lui peignaient la France. Ces journaux lui semblaient les organes de cette autre France qui brille dans les admirables entretiens de son père (*). Il a exprimé maintes fois l'étonnement le plus dédaigneux pour les paroles dont les *légitimistes* le rendaient l'objet. Il n'a paru voir en eux que ses ennemis : on peut affirmer qu'il ne voulait à aucun prix de leur estime, et qu'il leur refusait la sienne. — Tous les Bonapartes sen

---

(*) « Celle des *laboureurs*, des *paysans*, des *boutiquiers*, des *fabricans*, des *négocians* : il ne voyait la France que là. »

(*Cons. d'Etat.*)

tent et pensent ainsi. Rien n'a jamais pu le décider à la plus insignifiante démarche de politesse envers ces autres exilés d'Holyrood. Il ne parla jamais d'eux, qu'ils fussent puissans ou chassés. Ce qui répondait aux affections de ce jeune prince, à son long regard de feu comme celui de son père, à ce regard sortant d'orbites profondes, c'était l'affection, la fibre populaire ! —

Il était impossible que ceux qui le rencontraient si beau, si jeune, et penseur si soucieux, avec ce large front où se groupaient légèrement de beaux cheveux châtains, mais pâle, avec son air inspiré sur une figure souffrante, avec ses manières modestes, ne fussent pas touchés jusqu'aux larmes. Sa convenance en tout, si bien réglée par l'esprit le plus juste, jetait un charme nouveau sur toutes ses qualités.

Sa grave jeunesse ne connut véritablement pas les joies de cet âge : elle se recueillait comme en elle-même et aimait à s'écouler loin de tous les yeux, loin du monde politique et attachée par quelques études. Ses traits exprimaient quelquefois douloureusement ce goût de la retraite et ces sentimens. Il y avait dans tout cela plus que des douleurs corporelles prématurées ; il y avait la préoccupation évidente du grand drame qui avait épuisé son père ; peut-être aussi quelque profonde douleur causée par la conduite de sa mère, qui échangea si étrangement le grand nom qu'elle portait contre l'ignoble nom de Neiperg. Ces sentimens, il avait à les cacher,

1*

à les taire, pour passer des jours tranquilles, et il les garda au fond de son âme, dans cette cour où la plainte ne doit pas naître ou expirer silencieusement.

On dit que des passions cachées et tendres, qu'on ne connut jamais très-bien, ont pu seules éclaircir pendant quelques momens son front : ce sont des âmes comme celle du Duc, qui savourent les charmes de cette intimité du plus bel âge, du silence du bonheur, des sentimens aimables et vifs qui sont alors confiés, rendus, partagés ! Quoi qu'il en soit, ici la faiblesse naturelle de sa constitution physique et des souffrances internes aggravées par un développement trop soudain de croissance, attaquèrent, il y a quelques mois, les sources de sa vie. Il tomba malade. Son médecin lui prescrivit un voyage en Italie ; mais M. de Metternich y vit des dangers, attendu les circonstances, et ne permit pas cette translation ; sa politique s'y opposa. Il fallut rester à Vienne pour y mourir.

Le mal s'approfondit : chaque jour ses progrès devinrent plus graves. Le médecin habituel du jeune prince mourut à ce moment-là. Ceux qui approchèrent après lui du duc de Reichstadt n'avaient pas la même connaissance de son tempérament et de son moral ; ils échouèrent plus vite. Lui, en général, restait assez indifférent à ces soins : il n'a demandé, que dans quelques intervalles de sa maladie, après des crises, « si les soins et les secours de l'art pouvaient le sauver. A mon âge, n'y a-t-il aucune ressource ?» C'est après des réflexions , à en juger par ses traits altérés , que sa bouche faisait ces questions aux personnes qui le soignaient.

Quand il vit que le mal prenait des caractères mortels, il fit demander sa mère. On lui écrivit : on la pria de sa part de lui envoyer un berceau en vermeil qu'il avait vu à Parme , et que la ville de Paris avait offert à l'impératrice le jour de sa naissance. Ce désir ne quitta pas sa pensée qu'il n'eût été satisfait. Le berceau arriva ; sa mère le suivait.

— Lorsqu'on le lui présenta , il en admira le beau travail et l'éclat avec ce saint et doux enthousiasme des mourans ; il fit une pause ; le feu de ses regards révélait l'agitation de ses idées. — Il fit approcher ce berceau de son lit, le toucha, puis avec une résignation qui avait les plus douces paroles et des pensées religieuses et élevées, il dit à la garde : « Laissez-le près de moi ; ce berceau et mon lit, voilà l'image des deux extrémités de ma vie. Il n'y a entre ce lit, qui sera bientôt ma tombe, et ce beau *berceau* que mes 21 *ans*, mon nom et des douleurs, et même rien que mon nom ! » Il parut vivement souffrir. — Oui, ajouta-t-il avec feu: « Laissez-le près de moi. Mon berceau sera près de ma tombe ! » — Des larmes voilaient sa vue.

L'arrivée de sa mère à Schœnbrunn amena des scènes d'une déchirante tendresse. Cette mère avait retrouvé ses premiers sentimens et ce jeune homme pardonnait....

Quelques jours après, il se fit porter à la chapelle du château, où il communia en présence de sa famille. Cette cérémonie religieuse et solennelle émut profondément et la cour et la ville. Il souffrit encore une quinzaine de jours, puis s'éteignit sans douleurs, le 22 juillet 1832. — Au moment où il expirait, un de nos amis, M. Meunier, jeune médecin français très-distingué, établi en Russie, passait devant la résidence impériale de Schœnbrunn, la porte s'ouvrait; et il reçut le premier de la bouche d'un officier, qui allait à franc étrier à Vienne, la triste nouvelle que le prince français venait de rendre le dernier soupir.

Dieu voulait qu'un Français fût là pour recevoir le premier coup de cette douleur nationale !

C'était le 22 juillet, à 4 heures ¹/₂ du matin. Ce prince né aux Tuileries roi de Rome a été enterré dans les caveaux des archiducs. — On dit qu'un fils de Mme Hortense Beauharnais, duchesse de Saint-Leu, est l'héritier de quelques-uns des objets précieux du prince. L'héritage va alors aux mains les plus dignes ; ce choix prouve que le duc de Reichstadt fut associé à nos pensées et qu'il a aimé la France.

FIN.

Paris. Imprimerie de Béthune, rue Palatine, n. 5.

TABLEAU COMPARATIF

Des passages empruntés aux Ouvrages de GEORGE BASTARD

SEDAN DIX ANS APRÈS
DÉFENSE DE BAZEILLES
SANGLANTS COMBATS

Et reproduits par DICK DE LONLAY

DANS

FRANÇAIS & ALLEMANDS

Edition grand in-8° de 12 francs

GARNIER Frères, Editeurs

PARIS

SOCIÉTÉ ANONYME DE L'IMPRIMERIE TYPOGRAPHIQUE KUGELMANN

12, rue de la Grange-Batelière, 12

1894

TABLEAU COMPARATIF

Des passages empruntés aux Ouvrages de GEORGE BASTARD

SEDAN DIX ANS APRÈS

DÉFENSE DE BAZEILLES

SANGLANTS COMBATS

Et reproduits par DICK DE LONLAY

DANS

FRANÇAIS & ALLEMANDS

Édition grand in-8° de 12 francs

GARNIER Frères, Éditeurs

PARIS

SOCIÉTÉ ANONYME DE L'IMPRIMERIE TYPOGRAPHIQUE KUGELMANN

12, rue de la Grange-Batelière, 12

1894

SEDAN DIX ANS APRÈS

GEORGE BASTARD

16 Le grand état-major prussien se tenait... à l'est
de Donchery et au sud de Sedan... couvant des
18 yeux tout le bassin de la Meuse, la *Maas*, disent
les Allemands.

16 Il était la vis de pression de ce vaste carcan de
fer, de ce gigantesque collier de force qui se res-
serrait insensiblement à toute heure et étouffait
notre malheureuse armée qui se débattait dans
les dernières convulsions d'une lente agonie.
...Sur le point culminant d'un mamelon, émerge
un pavillon au-dessus d'une forêt, qui fut le poste
d'observation du roi Guillaume, depuis sept
heures et demie du matin jusqu'au soir à la
nuit close.

17 De même que du sommet de la chaîne Argon-
naise, il avait assisté, le 30 août, à la déroute de
Beaumont, le roi voulut être témoin de la défaite
de Sedan de ses derniers contreforts.

21 Ici des bois verts, épais, estompant l'horizon;
là, des portions de forêts tapissant des croupes
allongées, laissant des vides clairs par endroits et
étendant plus haut leurs ombrages touffus comme
de larges clairières au milieu d'immenses taillis.

24 Ce sont des pentes escarpées, des arêtes vives
de molles ondulations qui descendent à la Meuse.
de profondes vallées qui s'ouvrent à travers des
gorges, des coteaux superposés en étages, des
rivières, des ruisseaux et un fleuve qui coulent
avec un faible murmure, la fraîcheur, l'ombre et
le mystère qui se cachent, le soleil qui luit, la
Meuse qui miroite comme une glace, la végétation
qui déborde et parcourt toute la gamme du vert.
A côté du ruban argenté du fleuve, on distingue
des galons blancs, poudreux qui montent et
descendent, se replient comme de longs serpents
sur les versants sinueux des collines et semblent
22 aller se désaltérer au courant de l'onde, pour s'y
perdre après s'être égarés parmi des bouquets
d'arbres. C'est enfin une suite interminable de
terrains fortement bossués, repoussés par le
marteau des Cyclopes, tourmentés, malmenés,
profondément creusés, une mer en furie solidifiée
et couverte de flots de verdure.

Des villages apparaissent sur les crêtes abruptes

FRANCAIS ET ALLEMANDS

DICK DE LONLAY

595 Le grand état-major allemand s'est installé...
à l'est de Donchery et au sud de Sedan... cou-
vrant des yeux tout le bassin de la Meuse, la
Maas, disent les Teutons.

Il est la vis de pression de ce vaste carcan de
fer, de ce gigantesque collier de force qui se res-
serre insensiblement à chaque minute et étouffe
notre malheureuse armée, qui se débat dans les
dernières convulsions d'une longue agonie.
De sept heures et demie du matin à la nuit
close, le roi Guillaume se tient en observation sur
un pavillon qui, bâti au point culminant d'un
mamelon, émerge au-dessus d'une forêt.

De même que du sommet de la chaîne argon-
naise, il a assisté, le 30 août, à notre défaite de
Beaumont, le vieux souverain, des derniers contreforts de cette chaîne, veut être témoin de la
lutte... autour de Sedan.

500 Ici des bois verts, épais, estompant l'horizon;
là, des morceaux de forêts tapissant des croupes
allongées, laissant des vides clairs par endroits
et étendant plus haut leurs ombrages touffus
comme de larges clairières au milieu d'immenses
taillis.
Ce sont des pentes escarpées, des arêtes vives,
de molles ondulations qui decendent à la Meuse,
de profondes vallées qui s'ouvrent à travers des
gorges, des coteaux superposés en étages, des
501 rivières, des ruisseaux et un fleuve qui coulent
avec un faible murmure. la fraîcheur, l'ombre et
le mystère qui se cachent, le soleil qui luit, la
Meuse qui miroite comme une glace. la végétation
qui déborde et parcourt toute la gamme du vert.
A côté du ruban argenté du fleuve, on distingue... des galons blancs, poudreux, qui montent
et descendent, se replient comme de longs serpents sur les versants sinueux des collines et
semblent aller se désaltérer au courant de l'onde,
pour s'y perdre après s'être égarés parmi les bouquets d'arbres.
C'est enfin une suite interminable de terrains
fortement bossués, repoussés par le marteau des
Cyclopes, tourmentés, mamelonnés, profondément creusés, une mer en furie solidifiée et couverte de flots de verdure.
Des villages apparaissant sur les crêtes abruptes

ou sur les flancs gazonnés des montagnes, comme des nids de mouettes.

54 Tremblants de froid et de faiblesse, l'estomac vide et la rage au cœur, ils furent tirés du « camp de la misère » musique en tête. Ceux qui n'allaient pas assez vite à ces accents joyeux étaient excités à coups de plat de sabre ou de crosse de fusil.

Six ou sept mille hommes partaient ainsi chaque jour et étaient dirigés sur Carignan. Le 16 septembre la presqu'ile était déserte. Il avait fallu dix jours aux Allemands pour faire ce qu'ils avaient exigé des nôtres en moins d'un tiers de leur temps.

77 Le craquement aigu des mitrailleuses déchire soudain les nues... les fenêtres vibrent, les maisons s'ébranlent jusqu'en leurs fondements. Les blessés de la première heure défilent déjà sous leurs fenêtres, portés sur des brancards à ciel ouvert.

93 Au bout du village, du côté de la prairie, faites-vous montrer la maison de M. Simon Lafond.

Là, une trentaine d'officiers supérieurs bavarois étaient en train de manger tranquillement, ceinturons dégrafés, boutonnières lâchées, quand des soldats de l'infanterie de marine pénétrèrent inopinément dans leur asile et en firent une hécatombe, dans un véritable lac de sang.

126 La branche supérieure (du chemin) conduit à La Moncelle... A l'entrée de ce chemin, s'élève une grosse maison massive, placée comme un rocher inébranlable au milieu de parcs et des jardins. Telle est la villa Beurmann... Le baron de Beurmann... n'avait cédé qu'à des sollicitations instantes, lorsqu'il prit le commandement de Sedan quelques jours avant son investissement, et l'âge, les émotions, les chagrins causés par cette reddition... précipitèrent la mort de ce brave général... Ses obsèques eurent lieu vingt mois après, le 20 mai 1873.

La villa appartient actuellement à son frère, qui la conserve aussi précieusement que sa noble épée. Toutes les deux ont vu et reçu le baptême du feu.

ou sur les flancs gazonnés des collines, comme des nids de mouettes.

844 Tremblants de froid et de faiblesse, l'estomac vide et la rage au cœur, nos soldats sont tirés de la presqu'ile, musique en tête. Ceux qui ne vont pas assez vite à ces accents joyeux sont excités à coups de plat de sabre ou de crosse de fusil.

Six ou sept mille hommes partent ainsi chaque jour et sont dirigés sur Carignan. Le 16 septembre la presqu'ile est déserte. Il a fallu dix jours aux Allemands pour faire ce qu'ils ont exigé des nôtres en moins d'un tiers de leur temps.

801 Le craquement aigu des mitrailleuses déchire les airs... Les fenêtres vibrent, les maisons s'ébranlent jusqu'en leurs fondements. Les blessés de la première heure défilent déjà, sous les fenêtres, portés sur des brancards ensanglantés.

787 Au bout du village, du côté de la prairie, se trouve la maison Lafond.

Là, une trentaine d'officiers bavarois sont en train de manger tranquillement... ceinturons dégrafés, boutonnières lâchées, quand des soldats d'infanterie de marine arrivent comme une trombe sur cette maison, y pénètrent à la fois par les portes... et font une hécatombe de ces Allemands, dans un lac de sang.

637 A l'entrée du chemin qui conduit... à La Moncelle, s'élève la villa Beurmann, grosse et massive construction, placée comme un rocher inébranlable au milieu des parcs et des jardins... Cette villa appartenait, comme l'indique son nom, au brave général, baron de Beurmann, qui avait pris le commandement de Sedan, quelques jours avant son investissement. L'âge, les émotions, les chagrins causés par cette reddition précipitèren la mort de ce vaillant soldat, dont les obsèques eurent lieu vingt mois après, le 20 mai 1873.

La villa appartient actuellement à son frère, qui la conserve aussi précieusement que la noble épée fraternelle, car toutes les deux ont vu et reçu le baptême du feu.

DÉFENSE DE BAZEILLES

GEORGE BASTARD

17 ... Ceux-ci cherchent à... arrêter les progrès de l'incendie... au milieu d'une fumée qui les suffoque. Efforts bien inutiles, on manque d'eau !

18 ... les quelques heures qui restaient furent utilement employées à protéger la ville... à la mettre en état de défense contre l'envahisseur..., enfin à barrer les rues d'En-Bas, du Maillot ou de l'Eglise avec des tombereaux chargés de terre et bourrés de fumier.

Le commandant Lambert était aux avant-postes surveillant les travaux et organisant la résistance dans Bazeilles.

21 On s'y bat alors corps à corps, à coups de crosse, à la baïonnette et comme on peut.

21 Les compagnies des capitaines Pomerelle, Guillery, Clercaut luttent héroïquement.

Le 1er bataillon d'infanterie bavaroise ainsi que la 3e compagnie du 2e régiment soutiennent les premières colonnes, et la lutte devient encore plus acharnée. De toutes parts on s'entr'égorge et l'on s'enferre. A chaque coin de rue, l'on s'entretue. On se poursuit dans chaque ruelle sombre, l'on se cherche jusque dans les maisons ou sous les hangars qu'il faut prendre d'assaut un par un. Chaque lieu devient le théâtre d'un combat meurtrier.

C'est une guerre de buissons dans les jardins, de guerillas derrière les arbres et les murs de clôture. Partout enfin, c'est une lutte effroyable, une cohue indescriptible et inimaginable, où le brouillard, assez épais pour ne pas voir à deux pas, ajoute à l'horreur et à la confusion générale, tandis que les six compagnies du 2e régiment bavarois entrent en lice au secours de leurs semblables.

22 Cependant la 2e compagnie de ce régiment, commandée par le capitaine Glockner, est parvenue à remonter la Grande-Rue. Elle s'avance jusque sous les fenêtres de la villa Beurmann — une villa située au nord-ouest du village et à l'angle des routes de Balan et de La Moncelle...

FRANCAIS ET ALLEMANDS

DICK DE LONLAY

532 ... nos soldats... essaient d'arrêter les progrès des flammes au milieu d'une fumée qui les suffoque. Efforts bien inutiles, on manque d'eau !

538 Les quelques heures de la nuit qui restent encore sont utilement employées pour rendre la position... les soldats... organisent rapidement la défense... De solides barricades... ferment les rues, principalement celles de l'Eglise, du Maillot et d'En-bas... les tombereaux chargés de terre et bourrés de fumier...

539 ... le commandant Lambert reste aux avant-postes surveillant les travaux et organisant la résistance dans Bazeilles.

545 On se bat alors corps à corps, à coups de crosse à la baïonnette, comme on peut...

546 Les compagnies des capitaines Pommerel, Guillery, Clercaut luttent héroïquement.

Le 1er bataillon d'infanterie bavaroise ainsi que la 3e compagnie du 2e régiment soutiennent les premières colonnes, et la lutte devient encore plus acharnée.

De toutes parts on s'entr'égorge et l'on s'enferre. A chaque coin de rue on s'entre-tue. On se poursuit dans chaque ruelle sombre. on se cherche jusque dans les maisons ou sous les hangars qu'il faut prendre d'assaut un par un. Chaque lieu devient le théâtre d'un combat meurtrier.

C'est une guerre de buissons dans les jardins, de guerillas derrière les arbres et les murs de clôture; partout, enfin, c'est une lutte effroyable, une cohue indescriptible et inimaginable, où le brouillard, assez épais pour ne pas voir à quelques pas, ajoute à l'horreur et à la confusion générale, tandis que six nouvelles compagnies du 2e régiment bavarois entrent en ligne, au secours de leurs compatriotes.

547 Cependant une partie du 2e régiment bavarois, entraînée par le capitaine Glockner, parvient à remonter la Grande-Rue de Bazeilles. Elle s'avance audacieusement jusque sous les fenêtres de la villa Beurmann — villa située au nord-ouest du village et à l'angle des routes de Balan et de

Presque tous les officiers bavarois sont mis hors de combat et le major Sauer lui-même est fait prisonnier.

23 ...du capitaine Bourchet. Elle est arrivée jusque sur la place. Cette charge à la baïonnette nous coûte une cinquantaine d'hommes blessés ou tués, et parmi eux le lieutenant Seriot. Mais les Bavarois n'attendent pas l'attaque et s'enfuient perdant un grand nombre des leurs.

24 Notre infanterie de marine fait encore des prodiges de valeur. Les capitaines Maurial. Ortus et Farcy, avec les trois compagnies placées sous leurs ordres, peuvent atteindre... mais ils sont bientôt forcés... de céder devant des forces supérieures en nombre.

L'église tombe au pouvoir des Allemands, qui vers huit heures...

Le flot bavarois déborde alors comme d'une écluse ouverte. Il envahit toute la largeur de la rue. Il se précipite sur notre petit Gibraltar de la villa Beurmann et se brise une fois encore contre sa digue infranchissable; car le major Baur est repoussé avec le 2e bataillon du 2e régiment, et le lieutenant Fricker obligé de remplacer par de simples fantassins les servants de sa batterie mis dans l'impossibilité de ramener ses deux canons.

26 Les balles tombent comme de la grêle. L'artillerie ennemie tire du chemin de fer, ainsi que du Liry, ... entre Wadelincourt (et Remilly), et elle bombarde Bazeilles.

27 On s'entretue de tous côtés... avec une frénésie qui tient du délire. On ne cède le terrrain que pied à pied, on n'avance que pas à pas. La victoire demeure incertaine, et le gros de la lutte se centralise sur la place du Marché.

35 Du côté bavarois, le général von der Thann se trouve à deux cents mètres en arrière du front de bataille. Il excite les siens au combat, il entraîne avec lui et pousse sur nous des masses formidables, mais ne parvient pas à enfoncer nos rangs.

37 Tout en nous repliant sur la route de Balan, nous infligeons des pertes sérieuses à l'ennemi. Les compagnies du 10e régiment de chasseurs... nous harcèlent de près.

38 Les Bavarois... vont fondre sur la villa Beur-

La Moncelle. Là, presque tous les officiers bavarois sont mis hors du combat... le major Sauer est entouré et fait prisonnier.

548 ... Le capitaine Bourchet... et s'élance... jusque sur la place.

Cette charge à la baïonnette nous coûte une cinquantaine de tués ou de blessés. Parmi ces derniers se trouve le jeune lieutenant Sériot... les Bavarois n'attendent pas le choc et s'enfuient. laissant un grand nombre des leurs sur le terrain.

548 Notre infanterie de marine fait toujours des prodiges de valeur, mais va être forcée de céder au nombre quand arrivent les... compagnies... sous les ordres des capitaines Farcy, Maurial et Ortus.

548 L'église tombe, vers huit heures, au pouvoir des Allemands.

Le flot bavarois déborde alors comme d'une écluse ouverte et envahit toute la largeur de la

549 Grande-Rue. L'ennemi se précipite sur notre petit Gibraltar de la villa Beurmann, et se brise. une fois encore, contre sa digue infranchissable.

Le major Baur est repoussé avec le 2e bataillon du 2e régiment bavarois... Les artilleurs servant les deux pièces du lieutenant Fricker... sont mis hors de combat. On est obligé de les remplacer par des fantassins pour sauver les pièces à bras.

608 Les balles tombent comme grêle. L'artillerie ennemie tire du chemin de fer, ainsi que du Liry, de Wadelincourt, et bombarde Bazeilles.

On s'entretue de tous côtés avec une frénésie qui tient du délire. On ne cède le terrain que pied à pied. on n'avance que pas à pas.

La victoire demeure incertaine; le gros du combat se centralise sur la place du Marché.

611 Du côté bavarois, le général von der Thann se trouve à deux cents mètres en arrière du front de bataille. Il excite les siens au combat, il entraîne avec lui et pousse sur nous des masses formidables, mais ne parvient pas à enfoncer nos rangs.

612 Tout en battant en retraite sur la route de Balan, la division de Vassoigne inflige des pertes sérieuses aux chasseurs bavarois qui la harcèlent de près.

613 ...les Bavarois s'élancent sur la villa Beurmann,

mann, où ils sont accueillis... par une salve meurtrière qui les arrête et les disperse.

Néanmoins, ils se reforment, s'élancent à notre poursuite et occupent la villa.

Midi sonne et Bazeilles est la proie des flammes. Les lueurs sanglantes de l'incendie montent de la fournaise ardente et se reflètent dans le ciel, colorant l'azur en rouge et éclairant cet horrible drame, où le feu dispute au fer le choix de ses victimes.

39   Mais une poignée de braves... se sont fait un refuge d'une maison isolée... Ils s'y rencontrent avec le commandant Lambert, cruellement blessé, qui y a été transporté par trois ou quatre soldats.

40   La fusillade crépite de toutes les fenêtres et par toutes les ouvertures.

Cette maison occupe perpendiculairement à la route de Balan une trentaine de mètres environ. C'est une auberge qui avait pour enseigne : vins, bière, eau-de-vie.

Elle forme comme deux corps de bâtiment contigus l'un à l'autre, avec huit fenêtres en haut, autant dans le bas, et trois portes, qui toutes s'ouvrent sur la façade orientale.

39   ... ils organisent la défense de ce blockhaus... Mais le rez-de-chaussée est reconnu impropre à cette défense, et ils gravissent un escalier étroit, raide et sombre, pour se répandre dans les chambres du premier étage et jusqu'aux greniers. En bas ils avaient trouvé des bascules et des balances ; dans les greniers c'était du blé. Aux fenêtres du premier pendaient encore des rideaux, et les lits étaient garnis de leur fourniture habituelle, moins les draps qui avaient été emportés.

40   Devant elle s'étend un jardinet avec des tonnelles, derrière lesquelles s'abritent les Bavarois qui dirigent une incessante fusillade.

Les nôtres ripostent avec énergie...

41   Déjà on a évacué les greniers, la place est intenable; elle est labourée par les obus. Les chambres sont remplies d'une fumée intense et âcre...

Il faut se rendre à merci ou se résigner à descendre dans les caves... Quelques-uns y sont rendus et leurs mains ensanglantées ont maculé les murs de larges taches rouges.

42   Mais le commandant insista pour qu'on ne s'oc-

où ils sont accueillis par une salve meurtrière qui les arrête et les disperse.

Néanmoins, ils se reforment, s'élancent et finissent par occuper la villa.

Midi sonne et Bazeilles est la proie des flammes. Les lueurs sanglantes de l'incendie montent de la fournaise ardente et se reflètent dans le ciel, colorant l'azur en rouge et éclairant cet horrible drame, où le feu dispute au fer le choix de ses victimes.

615   Cette poignée de vaillants... se retire dans une maison isolée... où le chef de bataillon Lambert, cruellement blessé, s'est fait transporter par trois ou quatre soldats.

616   La fusillade crépite de toutes les fenêtres et de toutes les ouvertures.

615   Cette maison... occupe perpendiculairement à la route de Balan une trentaine de mètres environ C'est une auberge... qui a pour enseigne : vins, bière, eau-de-vie.

Elle forme comme deux corps de bâtiment, contigus l'un à l'autre, avec huit fenêtres en haut, autant dans le bas, et trois portes, qui toutes s'ouvrent sur la façade orientale.

... La maison est rapidement mise en état de défense. Le rez-de-chaussée étant reconnu impropre pour combattre, les soldats gravissent un escalier droit, raide et sombre, pour se répandre dans les chambres du premier étage et jusqu'aux greniers.

En bas ils ont trouvé des bascules et des balances ; dans les greniers c'est du blé Aux fenêtres du premier... pendent encore des rideaux; les lits sont garnis de leur fourniture habituelle, moins les draps qui ont été emportés.

616   ... s'abritant de leur mieux derrière les arbres... les Allemands dirigent..., une incessante fusillade. Les assaillants envahissent un jardin... Là, embusqués derrière les tonnelles...

Nos soldats ripostent avec énergie...

618   Les greniers ont été évacués, la place, labourée par les obus, étant intenable. Les chambres remplies d'une fumée âcre et épaisse...

620   Il faut alors songer à se rendre... Le commandant Lambert... les fait descendre dans la cave : quelques-uns, grièvement blessés, maculent le

620   mur de larges taches rougeâtres, en s'appuyant... avec leurs mains ensanglantées.

Le commandant Lambert les arrête. « Je vais

cupât pas de lui, il leur dit alors : « Eh bien, je vais sortir. Si on me tue, il n'y aura plus rien à espérer pour vous, et il sera temps de vendre chèrement votre vie. »

En effet, il sortit et s'engagea sous une tonnelle de houblons, occupée de chaque côté par les Bavarois, qui ne pouvaient tirer sur lui sans tirer sur leurs camarades. Grâce à cet abri, il put parvenir jusqu'à eux. Ceux-ci se ruaient déjà sur lui et allaient le mettre en pièces, quand...

43 ...nos soldats d'infanterie de marine franchirent un à un le seuil de cette porte, par laquelle entrés soixante-dix ou quatre-vingts ils sortaient quarante environ, qui venaient déposer leur arme mutilée.

L'ennemi, furieux d'avoir été arrêté par un si petit nombre d'hommes, crut à un piège, et vint décharger ses armes par les soupiraux des caves.

44 Les officiers prisonniers, conduits ensuite auprès du prince royal..., furent autorisés par lui « n'admettant point, dit-il, qu'on désarmât d'aussi braves soldats » à garder leur épée, et furent dirigés du côté de Remilly; mais ils exprimèrent le désir de partager la captivité avec leurs soldats, et partirent le lendemain matin pour l'Allemagne, les uns pour Neubourg, les autres pour Ingolslad. Plusieurs d'entre eux réussirent à s'évader plus tard et reprirent du service dans l'armée de la Loire.

47 La tapisserie à ramages bleu de ciel n'a pas été changée. Elle est... éraillée par les déchirures...
48 Elle porte visiblement les morsures des balles...
47 Cette porte est aujourd'hui remise sur ses gonds.

49 C'est une vieille horloge, à contre-poids enfermée dans une gaîne de bois... qu'une balle a frappé.

Elle a cessé de marcher. Les aiguilles se sont arrêtées à 11 heures 35 minutes. Elle semble ainsi marquer le début de l'incendie de Bazeilles, comme le cadran disparu des Tuileries indiquait l'embrasement du palais de Catherine de Médicis ...à 8 heures 55 minutes, le 24 mai 1871...,

53 On va fouiller les morts et les blessés...

55 Il est trois heures.
Un officier épaule, c'est le capitaine Aubert.

85 Par une aveugle rage exercée sur les habitants, accusés injustement d'avoir prêté main-forte aux

essayer de sortir, dit-il à ses hommes... Si vous m'entendez tuer, il n'y aura plus rien à espérer pour vous, et il sera temps de vendre chèrement votre vie. »

... Puis il... s'engage sous une tonnelle de houblons, occupée de chaque côté par les Bavarois, qui ne peuvent tirer sur lui sans tirer sur leurs camarades. Grâce à cet abri, il peut parvenir jusqu'à eux. A sa vue, les Bavarois... se ruent sur lui... il va être mis en pièces, ... quand...

Nos soldats... ils franchissent un à un le seuil de cette porte, par laquelle entrés une centaine environ ils sortent réduits à quarante... et vont déposer leur arme inutile.

621 Les ennemis sont furieux d'avoir été arrêtés par un si petit nombre d'hommes. Croyant à un
620 piège... ils viennent... décharger leurs fusils... par les soupiraux des caves.

621 Les officiers français faits prisonniers... conduits dans la soirée près du prince royal sont autorisés par lui à garder leurs sabres, « n'admettant point, dit-il, qu'on désarmât d'aussi braves soldats », et sont dirigés du côté de Remilly; mais ils expriment le désir de partager la captivité avec leurs soldats, et partent le lendemain matin pour l'Allemagne, les uns pour Neubourg, les autres pour Ingolslad.

Plusieurs d'entre eux réussirent à s'évader plus tard et reprirent du service dans l'armée de la Loire.

616 La tapisserie de ces pièces, à ramages bleu de ciel, est éraillée par les morsures des balles... les portes pendent, arrachées de leurs gonds.

Dans un coin, une vieille horloge à contre-poids, enfermée dans une gaine de bois, est frappée par une balle et cesse de marcher. Les aiguillent s'arrêtent à 11 heures 35 minutes et semblent ainsi marquer le début de l'incendie de Bazeilles, comme le cadran disparu des Tuileries indiquait l'embrasement du palais de Catherine de Médicis à 4 heures 55 minutes, le 24 mai 1871.

618 On fouille les morts, les blessés.

619 ... le capitaine Aubert épaule un chassepot... Il est trois heures.

622 Par une aveugle rage, exercée sur les habitants
623 accusés injustement d'avoir prêté main-forte aux

troupes régulières, les Prussiens se montrèrent impitoyables...

Ils fusillèrent les Bazeillais sans distinction d'âge et de sexe, sans armes et sans défense; ils 80 les massacrèrent chez eux, dans leurs chambres, et les impotents, les malades furent tués dans leurs lits, avec une lâcheté inouïe.

Puis, pour cacher leurs crimes et leur honte à la face du monde, sous des amas de ruines ou des tourbillons de fumée, comme pour purifier par le feu leurs mains trempées dans le sang de ces victimes, sacrifiées à une vengeance innommée, ils anéantissent une ville tout entière.

Les habitants torturés, massacrés sur le corps des morts ou des agonisants, tenus à genoux, garrottés et passés par les armes, vont offrir un nouvel aliment aux flammes...

135 Le turco, qui était avec nous, gardait une rare impassibilité, bien qu'il fût frappé violemment, jeté à terre du haut du fourgon et traîné sur les cailloux de la route.

troupes... les Allemands se montrent tout à fait impitoyables.

... Ni l'âge ni le sexe ne trouvent grâce; on fusille... De malheureux Bazeillais sont massacrés chez eux, dans leurs chambres; des impotents, des malades même sont tués dans leurs lits, avec une lâcheté dégoûtante...

627 Et comme pour cacher leurs crimes et leur honte... à la face du monde, sous des amas de ruines ou des tourbillons de fumée, comme pour purifier par le feu leurs mains trempées dans le sang de leurs victimes, sacrifiées à une vengeance innommée, ils vont anéantir un village tout entier.

Les habitants torturés, massacrés sur le corps 623 de nos soldats morts ou agonisants, tenus à genoux, garrottés et passés par les armes, vont offrir un nouvel aliment aux flammes.

614 Un pauvre turco... n'est pas plus ménagé; les Bavarois prennent plaisir à jeter à terre, du haut du fourgon, le... qui garde, malgré tout, une rare impassibilité, et à le traîner sur les cailloux de la route.

DEFENSE DE BAZEILLES

MARTYROLOGE BAZEILLAIS

95 Cottin (François), était tisseur. Il fut victime
de son dévouement, en voulant relever les blessés
qui étaient tombés dans son jardin, rue des Batardeaux, et frappé par une balle à l'épaule gauche.
96 Survinrent des Bavarois qui le firent prisonnier
et ne lui donnèrent aucun soin pendant son
arrestation. Quinze jours après, il mourait des
suites de sa blessure à l'âge de quarante-un ans.

96 Dehaye et Simon...
saisit le propriétaire âgé de soixante-huit ans et
l'assomme... à coups de crosse de fusil, en présence de sa malheureuse femme, qui, témoin de
ces actes de sauvagerie, mourut de frayeur et de
chagrin six semaines après.
    Le corps de Dehaye fut découvert dans un état
de complète calcination, sous les décombres de sa
maison.

    Baury (Emmanuel), âgé de quarante-trois ans...
il travaillait avec son père qui était plafonneur...
son cadavre fut retrouvé dans une écurie...
    Gustave Henriet était brasseur et avait vingt-
cinq ans.
    Deux Bavarois, s'engageant dans la ruelle
Lorson... vers deux heures de l'après-midi, aper-
çurent devant eux un homme sans défense.
C'était Henriet. Ils coururent sur lui à la baïonnette, mais celui-ci parvint à saisir l'arme des
mains de l'un d'eux et à l'en écarter de sa poitrine,
en leur expliquant qu'il n'opposerait aucune
résistance... Peine inutile. L'autre le coucha immédiatement en joue. Alors intervint la femme
Liégeois, qui se jeta à leurs genoux, en les suppliant de lui accorder sa grâce. Mais ni les
larmes, ni les prières, ne fléchirent ces farou-
98 ches soldats, et Henriet tomba frappé par une
balle. La victime donnait encore quelques signes
de vie et se débattait dans d'affreuses convulsions,
lorsqu'elle fut achevée par l'un de ces meurtriers,
qui lui déchargea un second coup de fusil dans
la tête.

    Henry (Jean), avait cinquante-huit ans... il
avait un modeste emploi de suisse dans la
paroisse... on suppose que les armes inoffensives,

FRANCAIS ET ALLEMANDS

LES MASSACRES DE BAZEILLES

630 Le tisseur François Cottin, victime de son dévouement, a été frappé d'une balle à l'épaule
gauche en voulant relever des blessés qui étaient
tombés dans son jardin, rue des Batardeaux. Sur-
viennent des Bavarois qui le font prisonnier et ne
lui donnent aucun soin pendant son arrestation.
Quinze jours après, il meurt des suites de sa blessure, à l'âge de quarante-un ans.

623 ... Dehaye (Jules) et sa famille. Simon était
âgé de soixante-huit ans et exerçait le métier de
tisseur. Son corps fut découvert dans un état de
complète calcination sous les décombres de sa
maison. Il fut assassiné chez lui à coups de crosse
de fusil, en présence de sa malheureuse femme,
qui, témoin de ces actes de sauvagerie, mourut
de frayeur et de chagrin six semaines après.

629 Baury, Emmanuel, plafonneur, âgé de quarante-
trois ans se réfugie dans une écurie où il est assommé.

624 Deux Bavarois s'engageant dans la ruelle
Lorson, vers deux heures de l'après-midi, aper-
çoivent devant eux un homme sans défense. C'est
Gustave Henriet, brasseur. âgé de vingt-cinq ans,
Ils courent sur lui à la baïonnette, mais celui-ci
parvient à saisir l'arme de l'un d'eux et à l'écarter
de sa poitrine. en leur expliquant qu'il n'opposera
aucune résistance... Peine inutile : l'autre soldat
le couche aussitôt en joue.
    Alors survient la femme Liégeois qui se jette à
leurs genoux, en les suppliant de lui accorder la
grâce de ce malheureux. Mais ni les larmes, ni les
prières de cette femme ne fléchissent ces farouches
soldats, et Henriet tombe frappé par une balle.
    La victime donne encore quelques signes de vie
et se débat dans d'affreuses convulsions, lorsqu'elle est achevée par l'un de ses meurtriers, qui
lui décharge... un second coup de fusil dans la
tête.

629 Henri, Jean. tisseur, âgé de cinquante-huit ans.
était le suisse de la paroisse et avait chez lui sa hallebarde et son épée. Ces armes inoffensives... sont

sa hallebarde et son épée qu'il avait chez lui, ont été cause de sa mort et que son corps, jeté ensuite dans l'incendie, y aura été brûlé.

Jean Lacroix montra beaucoup de confiance dans les sentiments d'humanité qui animaient les troupes du roi Wilhem : car il ne quitta pas son domicile et il fut arrêté chez lui.

99 Les Bavarois, exaspérés de l'énergique défense qu'on avait opposée dans ce bourg, s'en prirent ... notamment à Lacroix, qu'ils accusèrent d'avoir tiré sur eux.

Le prétexte était bon, la vengeance fut abominable.

630 On lui trancha les deux poignets, on le plaça sur une botte de paille et on y mit le feu. Il mourut au milieu des plus atroces souffrances à *l'âge de cinquante-huit ans.*

Lesoille (Jean-Nicolas) était manœuvre ; il avait cinquante-sept ans... Lesoille a été tué à coups de sabre.

---

la cause de la mort du malheureux Suisse, dont le corps est jeté dans l'incendie.

Lacroix, Jean, tisseur, *âgé de 56 ans,* confiant dans les sentiments d'humanité des troupes du roi Guillaume, n'a pas quitté son domicile et est arrêté chez lui.

Les Bavarois, exaspérés de l'énergique défense de Bazeilles, accusent Lacroix... et d'avoir tiré sur eux.

Le prétexte est trouvé, la vengeance est abominable.

On lui tranche les deux poignets, en le plaçant sur une botte de paille et on y met le feu, il meurt au milieu des plus atroces souffrances.

Lesoille, Jean-Nicolas, manœuvre, âgé de cinquante-sept ans, est tué à coups de sabre.....

99
100 Pocher (Ferdinand), jardinier... A l'apparition de l'ennemi, Pochet s'était enfui en Belgique, et, croyant à tout danger disparu, il était revenu le 2 septembre. Mais dès sa rentrée dans Bazeilles il fut saisi par les Bavarois et fusillé du côté de la route de Balan.

632 A l'approche des Bavarois, un jardinier du nom de Ferdinand Pocher..., s'était enfui en Belgique ; croyant tout danger disparu, il revient à Bazeilles le 2 septembre. Dès sa rentrée dans le village, il est saisi par les Bavarois et fusillé du côté de la route de Balan.

Henry (Baptiste) était un pauvre idiot de cinquante ans. Il a été rencontré, blessé, dans la rue des Boulangers, le 31 août, et marchant difficilement à l'aide d'un bâton... Quelques personnes ont déclaré l'avoir vu brûler au milieu de la paille.

624 Un pauvre idiot, âgé de cinquante ans, du nom de Baptiste Henry, est blessé, le 31 août, dans la rue des Boulangers. Le lendemain, des Bavarois le rencontrent, marchant difficilement à l'aide d'un bâton et le font brûler vif au milieu de la paille.

Jacquet (Saint-Jean), charron, cinquante-cinq ans... étendu sur le trottoir devant l'auberge Bouquet.

624 Le charron Jacquet, Saint-Jean, âgé de cinquante-cinq ans, est renversé sur le trottoir devant l'auberge Bouquet...

---

101 Malaissi-Hagnery, cultivateur, cinquante-six ans...
Son corps fut retrouvé auprès du bac, où il était allé pour mener ses chevaux à l'abreuvoir.

636 Malaissé-Hagnery, cultivateur, âgé de cinquante-six ans, est assassiné près du bac, où il est allé pour mener ses chevaux à l'abreuvoir

---

... Hagnery (Jean-Baptiste), également cultivateur, cinquante-trois ans, a été tué... vers neuf heures du matin.

... Hagnery (Jean-Baptiste), également cultivateur, âgé de cinquante-huit ans, est tué quelques instants après lui, vers neuf heures du matin.

Lhuire (Jean-Baptiste), avait soixante-quatre ans ; il était aubergiste et conseiller municipal... il remontait de sa cave avec du vin, pour le donner à des Bavarois assoiffés qui avaient envahi sa maison, lorsque... il fut violemment jeté à terre et frappé de plusieurs coups de sabre.

624 Lhuire (Jean-Baptiste), âgé de soixante-quatre ans, aubergiste et conseiller municipal, est descendu dans sa cave afin de chercher du vin, pour le donner à des Bavarois assoiffés qui ont envahi sa maison.
Comme il remonte, ces brutes ..le jettent violemment à terre et le massacrent à coups de sabre.

---

101 Jean Lhuire était revendeur, et il avait soixante-trois ans.

632 Lhuire, Jean, revendeur, âgé de soixante-trois ans...

102 Au bas du bourg de Bazeilles et près de la fontaine de la prairie, on découvrit deux cadavres attachés ensemble, ceux de Gros-Jean, surnommé Ludovici, brasseur, âgé de trente ans, originaire de Diekierch (grand-duché de Luxembourg), et de Lamotte (Jean-Pierre), brasseur également, âgé de quarante-sept ans...

108 Dagand (Auguste), commis marchand de vins, âgé de soixante-six ans... On a constaté sa disparition, comme celle de Jean-Baptiste Billiot, domestique, d'origine belge et batteur en grange chez Théophile Alain.

Madeleine Legay, rentière, âgée de soixante-dix ans, fut brûlée vive dans sa maison... ainsi que Berthollet-Francotte, rentière, âgée de soixante-neuf ans...

Remy Elisée, tonnelier, âgé de trente-six ans...

Domelier (Jean-Baptiste, tonnelier, âgé de quatre-vingt-huit ans, fut tué dans sa maison par un éclat d'obus, qui l'atteignit au côté gauche.

104 Les deux frères Grépoix, tous deux maçons... L'aîné, Pierre-Joseph, âgé de cinquante-quatre ans... On apprit plus tard que, traîné à la suite de l'armée allemande, il avait été passé par les armes, à Reims.

Quant à Jean-Baptiste, âgé de cinquante-deux ans, il fut tué contre le cimetière de Bazeilles d'un coup de feu au-dessous de l'oeil droit.

104 Le même jour, en voulant se rendre à l'ambulance du château de Montvillers, Jean-Baptiste Herbulot, cultivateur, âgé de quarante-cinq ans, est sommairement fusillé dans la rue des Boulongers, près du pont... On découvre plus tard son cadavre percé de six balles et de plusieurs coups de baïonnette.

Herbulot (Lambert, maréchal-ferrant, âgé de cinquante-un ans.

Dès le commencement du bombardement...

105 Mme Herbulot et son mari étaient descendus dans la cave. Mais leur retraite fut bientôt découverte... Sabre au poing, les Bavarois envahirent leur maison et se précipitèrent sur eux en poussant des vociférations. Leur férocité éclata à la vue du brave Herbulot, qui se tenait debout devant sa femme pour la protéger de leurs coups et de leurs menaces.

Ils s'élancèrent alors sur lui, le frappèrent avec la crosse de leurs fusils ou le lardèrent de la pointe de leurs sabres. Se relevait-il? Ils redoublaient d'acharnement et ne se reposaient que quand la force les abandonnait.

632 Quatre autres personnes, attachées deux à deux, sont fusillées au bas du bourg de Bazeilles, près de la fontaine de la prairie; ce sont : Gros-Jean, dit Ludovici, brasseur, âgé de trente ans, originaire de Diekierch (grand-duché du Luxembourg); Lamotte, Jean-Pierre, brasseur également,
633 âgé de quarante-sept ans;

Degand (Auguste), commis marchand de vin, âgé de soixante-six ans; Billiot Jean-Baptiste), domestique, d'origine belge et batteur en grange chez Théophile Alain.

630 Madeleine Legay, âgée de soixante-dix ans.. meurt dans les flammes... la veuve Berthollet-
623 Francotte, âgée de soixante-neuf ans;

Le fils d'un tonnelier. Elisée Remy, jeune homme de vingt-six ans.

626 .. Domelier (Jean-Baptiste), tonnelier, âgé de quatre-vingt-huit ans... frappé dans sa maison par un éclat d'obus, qui l'atteignit au côté gauche.

Gripoix (Jean-Baptiste), âgé de cinquante-deux ans, et Pierre-Joseph, son frère, âgé de cinquante-quatre ans, tous deux maçons.

Quelques jours après... on exhuma... Jean-Bap-
623 tiste, qui portait à la figure, sous l'oeil droit, une blessure provenant d'un coup de feu.

Différentes versions ont couru sur la mort de Pierre-Joseph. La plus digne de foi est... qu'il a été traîné à la suite de l'armée prussienne et passé par les armes, à Reims.

632 Dans la rue des Boulangers et près du pont, on découvrit le cadavre de Jean-Baptiste Herbulot, cultivateur, âgé de quarante-cinq ans, percé de six balles. Le cou présentait aussi plusieurs blessures de baïonnettes. C'est en voulant se rendre à l'ambulance du château de Montvillers qu'Herbulot trouva la mort...

625 Herbulot (Lambert), maréchal-ferrant, âgé de cinquante-quatre ans, est descendu avec sa femme dans la cave de sa maison, dès le commencement du bombardement.

Les Bavarois découvrent leur retraite, l'envahissent, le sabre au poing, et se précipitent sur eux en poussant des vociférations. Leur férocité éclate à la vue du brave Herbulot, qui se tient devant sa femme pour la protéger de leurs coups et de leurs menaces.

Ils s'élancent alors sur lui, le frappent à coups de crosse ou le lardent de la pointe de leurs sabres. Se relève-t-il? Ils redoublent d'acharnement et ne se reposent que quand la force les abandonne.

Ces vrais sauvages se retirèrent ensuite pour les emmener séparément.

Frappé de treize coups de sabre, dont onze sur la tête, un autre aux reins et le dernier au coude, l'infortuné Herbulot marchait très péniblement. Cependant on le dirigea vers la gare, enlevé, porté, bousculé et fort épuisé par la perte de son 106 sang, qui coulait de toutes ses blessures. Là, on le jeta à terre comme un colis, et ces ennemis s'acharnèrent en véritables monstres contre leur victime pendant une demi-heure. Elle fut soufflé-tée et rouée de coups. Ses cheveux ne couvraient plus qu'une plaie sous une épaisse couche de poussière et de sang coagulés. Son visage n'avait plus figure humaine ; c'était plutôt un masque hideux et ruisselant de sang. Les vêtements, mis en lambeaux, n'offraient plus que des haillons.

Enfin, après avoir été séquestré pendant deux jours dans une salle d'attente, à la gare, il fut transporté au château Dorival, où durant six autres jours il resta attaché au montant d'un escalier, dans l'impossibilité complète de faire le moindre mouvement. Ses gardiens poussèrent même le raffinement de la barbarie jusqu'à lui lier le bras et la jambe gauches à un pilier.

Dans cet état, un soldat touché de compassion vint panser ses blessures. Il consentit même à le 107 débarrasser de ses liens et touché par ses paroles à lui permettre de se promener dans le parc.

Herbulot en profita pour s'évader. « Une journée de plus, disait-il ensuite sur son lit d'agonie, et je serais mort. »

Six semaines après, on le conduisit à sa dernière demeure. De son côté, Mme Herbulot ne fut pas épargnée. Blessée au front d'un coup de sabre, elle fut traînée, demi-nue, jusqu'à Dom-le-Mesnil, village situé à quinze kilomètres environ, où elle fut enfin mise en liberté. Son corps n'était plus qu'une plaie causée par les mauvais traitements, et ses jours furent longtemps en danger.

Husson-Jacquemain, rentier, quatre-vingt-dix ans, a été vu au village, dans la journée de samedi *trois* septembre, mais depuis il n'a jamais reparu.

108 Un brasseur, Robert. Paul-Josué, âgé de quarante-neuf ans, et Portier, Pierre, maçon, âgé de trente-quatre ans, sont liés l'un à l'autre et con-109 duits dans le parc du château de Montvillers... Une quinzaine de jours après la bataille, on exhuma à un pied de profondeur les deux cadavres encore attachés ensemble. Sur le corps de Robert on constata jusqu'à onze blessures.

---

626 Ces vrais sauvages emmènent, ensuite, séparément le mari et la femme.

Frappé de treize coups de sabre, dont onze sur la tête, un autre aux reins et le dernier au coude, l'infortuné Herbulot marche très péniblement. Cependant on le dirige vers la gare, enlevé, porté, bousculé et fort épuisé par la perte de son sang, qui coule de toutes ses blessures. Là, on le jette à terre comme un colis, et ses ennemis s'acharnent, en véritables monstres, contre leur victime, pendant une demi-heure.

Herbulot est souffleté et roué de coups. Ses cheveux ne couvrent plus qu'une plaie ; sous une épaisse couche de poussière et de sang coagulé, son visage n'a plus figure humaine ; c'est plutôt un masque hideux et ruisselant de sang. Ses vêtements, mis en lambeaux, n'offrent plus que des haillons.

Enfin, après avoir été séquestré pendant deux jours, dans une salle d'attente, à la gare, il est transporté au château de Dorival, où durant six autres jours il reste attaché au montant d'un escalier, dans l'impossibilité complète de faire le moindre mouvement. Ses gardiens poussent même le raffinement de la barbarie jusqu'à lui lier le bras et la jambe gauches à un pilier.

Dans cet état, un soldat... et touché de compassion, vient panser ses blessures. Il consent même à le débarrasser de ses liens, et, touché par ses paroles, lui permet de se promener dans le parc.

Herbulot en profite pour s'évader. « Une journée de plus, disait-il ensuite sur son lit d'agonie, et je serais mort. »

Six semaines après, on le conduit à sa dernière demeure. De son côté, Mme Herbulot n'a pas été épargnée. Blessée au front d'un coup de sabre, elle est traînée, demi-nue, jusqu'à Dom-le-Mesnil, village situé à quinze kilomètres environ... où elle est enfin mise en liberté. Son corps n'était plus qu'une plaie causée par les mauvais traitements, et ses jours furent longtemps en danger.

636 Husson-Jacquemain, rentier, âgé de quatre-vingt-dix ans, est vu à Bazeilles dans la journée du samedi 3 septembre, mais depuis il n'a jamais reparu...

623 Robert (Paul-Josué), brasseur, quarante-neuf ans... Une quinzaine de jours après la bataille,.. dans le parc du château de Montvillers, le corps de Robert, enterré à un pied de profondeur, fut exhumé, ainsi que celui de Pierre Portier, maçon, âgé de trente-quatre ans. Ils étaient encore attachés ensemble. Sur le corps de Robert on constata jusqu'à onze blessures.

113 Daumont, maçon,
« Caché dans mon grenier, j'y fus découvert... à neuf heures du soir. Traîné dans la rue, j'ai été maltraité de la manière la plus horrible ; coups de crosse, coups de sabre, rien ne me fut épargné. A la gare du chemin de fer, trois soldats me jetèrent par terre et me laissèrent dans cette position pendant toute la nuit, pieds et poings liés. Au village d'Angecourt, je fus obligé de rester à genoux durant trois heures, le corps couvert de blessures.

115 Vauthier-Bertholet, tisseur.
« Le jeudi..., j'étais encore dans ma maison, située rue d'En-Bas... Ces *casques à chenille* (1) me rouèrent de coups et je reçus la baïonnette de l'un d'eux dans la jambe droite. Les menottes me furent mises.

117 Lemaire ajoute avoir dit à l'officier du détachement qui les conduisait : « Commandant, faites-nous subir un interrogatoire et faites mourir les coupables, si coupables il y a, mais que les innocents soient mis en liberté. »

118 Collet (Louis), charron.
« Je me cachai au plus vite dans mon écurie. Des soldats m'y découvrirent... Ils m'empoignèrent en vociférant et ne voulurent jamais consentir à ce que je misse mes souliers ; je dus les suivre pieds nus.
« Ces brigands me souffletèrent en route, me crachèrent à la figure et l'un d'eux, au paroxysme de la fureur, me perça la joue gauche de sa baïonnette. Quoique le sang jaillit en abondance de ma blessure, je ne fus pas mieux traité. Les mains me furent liées derrière le dos et je fus frappé à coups de crosse jusqu'à la gare.

120 Jean-François Tavenaux, couvreur, malgré son âge et ses cheveux blancs, est menacé plusieurs fois d'être fusillé. Des soldats lui mettent une bêche entre les mains et veulent le forcer à creuser sa tombe. Déjà même ils tirent au sort le pantalon de ce malheureux. Ayant protesté de toutes ses forces contre cet acte d'infamie, il est garrotté, étendu à terre, à moitié assommé. Par bonheur, un officier... le délivre de cette soldatesque, mais... veut lui donner une leçon de politesse. Tavenaux, dans son trouble, a oublié d'ôter sa casquette en lui adressant la parole.
— Pourquoi ne me saluez-vous pas, demande le noble officier ?
— J'ai la tête perdue, mon commandant, répond-il.

(1) Cette expression est prise et remise par Dick de Lonlay à la page 631.

630 Un maçon, du nom de Daumont, s'est caché dans son grenier, où les Bavarois le découvrent à neuf heures du soir, le traînent dans la rue et le maltraitent de la manière la plus horrible; coups de crosse, coups de sabre, rien ne lui est
631 épargné. A la gare du chemin de fer, trois Bavarois le jettent par terre et le laissent dans cette position pendant toute la nuit, pieds et poings liés. Le lendemain, il est obligé de rester à genoux pendant trois heures, le corps couvert de blessures.

Vauthier-Bertholet, tisseur, est arrêté dans sa maison, située rue d'En-Bas, roué de coups et conduit à la gare, les menottes aux mains; chemin faisant, un des soldats lui perce la jambe droite d'un coup de baïonnette.

635 Lemaire-Vauthier... s'adresse à l'officier du détachement qui les conduit : « Commandant, dit-il, faites-nous subir un interrogatoire et faites mourir les coupables, si coupables il y a, mais que les innocents soient mis en liberté. »

631 Louis Collet, charron, est fait prisonnier dans son écurie et conduit pieds nus à la gare. Les *casques à chenille* le soufflètent, lui crachent au visage, et l'un d'eux, au paroxysme de la fureur, lui perce la joue gauche de sa baïonnette. Malgré le sang qui jaillit en abondance de sa blessure, Collet n'est pas mieux traité, et les mains liées derrière le dos, est frappé de coups de crosse jusqu'à la gare.

631 Jean-François Tavenaux, couvreur.
Malgré son âge et ses cheveux blancs, il fut menacé plusieurs fois d'être fusillé.
« ... Une bêche me fut remise entre les mains pour creuser ma tombe. Ayant protesté de toutes mes forces contre cet acte d'infamie, je fus garrotté, étendu à terre, battu.
L'officier qui me délivra voulut me donner une leçon de politesse. Dans mon trouble, j'avais oublié d'ôter ma casquette en lui adressant la parole. — Pourquoi ne me saluez-vous pas, me demanda-t-il ? — J'ai la tête perdue, mon commandant, répondis-je; vos soldats... se marchandent déjà mes vêtements. Ils ont, du reste, tiré au sort mon pantalon.

122   Pierre Liégeois, cafetier.

Une pauvre vieille de quatre-vingt-trois ans, ma femme et moi, nous fûmes emmenés à la gare, puis au château de Montvillers. Durant le trajet, nous reçumes de rudes coups, et la mère Oudart (nom de l'octogénaire), fut encore plus éprouvée que nous. Saisie par l'émotion, elle tombait à chaque instant de faiblesse et de frayeur. Les soldats, pour la forcer à se relever, la piquaient de la pointe de leurs sabres ou lui lançaient des coups de pied. Afin d'avoir quelques prétextes à nous fusiller, ils nous obligeaient à enjamber les cadavres qui jonchaient la place. Malheur à qui eût mis le pied sur un corps !

633   Pierre Liégeois, cafetier, sa femme et une pauvre vieille de quatre-vingt-trois ans, la dame Oudart, sont arrêtés, conduits au château de Montvillers et roués de coups durant le trajet. La malheureuse octogénaire, saisie d'émotion, tombe à chaque instant de faiblesse et de frayeur. Les braves Bavarois, pour la forcer à se relever, la piquent de la pointe de leurs sabres ou lui lancent des coups de pied. Afin d'avoir quelques prétextes pour fusiller leurs prisonniers, les Allemands obligent ceux-ci à enjamber les
634   cadavres qui jonchent la place de l'Église. Malheur à qui eût mis le pied sur un corps !

124   Mme veuve Jules Dehaye.

Quant à moi, je restai dans la cave.... Durant huit heures consécutives, je fus sans connaissance aucune, à demi-asphyxiée par la fumée de l'in-
125   cendie de ma maison.

...Pendant mon évanouissement, mes deux jeunes enfants (Irené, deux ans, et Marie, sept mois) périrent étouffés.

626   La dame Jules Dehaye s'étant cachée dans sa cave avec ses deux filles, Irénée, deux ans, et Marie, sept mois, reste sans connaissance durant huit heures consécutives, à demi-asphyxiée par la fumée de l'incendie de sa maison. Quand elle revint à elle, ses deux pauvres petits enfants étaient morts étouffés.

124   A Remilly, mon pauvre homme, étendu sur la paille, était sans cesse harcelé..... et il mourut quinze jours après de ses blessures...

632   Jules Dehaye est roué de coups, à moitié brûlé sur une botte de paille, et meurt quinze jours après de ses blessures.

125   Mme Charlot.

...J'étais assise.... avec quatre ou cinq personnes, entre autres Victorine Richard, quand la porte.... Aussitôt vues, aussitôt prises et entraînées brutalement au dehors. Adossées toutes deux le long du mur Legardeur (château Dorival), je m'aperçus tout à coup qu'un de ces monstres me couchait en joue en me visant au cœur. Je levai le bras gauche et je reçus une balle dans l'avant-bras...
126   « Je fus ensuite dirigée avec ma compagne, chez Théophile Alain, où logeait un général *paffarois*, le général von der Thann, je crois. Ce chef parut touché de notre sort, et nous dit : « *Mesdames, je ne puis rien faire pour vous; l'ordre est que tout habitant de Bazeilles doit être fusillé. M. le comte de Bismarck, du reste, a ordonné le pillage, le massacre et le feu. Mesdames, partez; je vous le répète, je ne puis rien faire pour vous.* »

627   La dame Charlot est surprise dans sa maison avec une de ses voisines, Victorine Richard; toutes deux sont entraînées au dehors et adossées le long du mur du château Dorival.

Un de ces monstres couche en joue la dame Charlot, qui, à cette vue, lève le bras gauche et reçoit la balle contre le coude.

Conduite avec sa compagne devant un général bavarois, celui-ci paraît touché de leur sort : « *Mesdames, leur dit-il, je ne puis rien faire pour vous; l'ordre est que tout habitant de Bazeilles doit être fusillé. M. de Bismarck, du reste, a ordonné le pillage, le massacre et le feu. Mesdames, partez; je vous le répète, je ne puis rien faire pour vous.* »

127   Gallet, manouvrier.
128   « La nuit qui suivit mon arrestation, je dus coucher à la belle étoile, les mains liées derrière le dos et la corde au cou, attaché au pieu d'une palissade. N'ayant pris aucune nourriture depuis la veille, j'étais faible, et néanmoins je pus aller

631   Le manouvrier Gallet est arrêté au milieu de la
632   nuit et doit coucher à la belle étoile, les mains liées derrière le dos et la corde au cou, attaché au pieu d'une palissade.

N'ayant rien mangé depuis vingt-quatre heures, il est envoyé à Remilly avec un autre Bazeillais.

à Remilly avec un autre Bazeillais. Sur la route, les soldats voulurent s'égayer à nos dépens, en nous faisant tomber dans un fossé rempli d'eau.

« La gorge serrée d'indignation et desséchée par la soif, je voulus profiter de cet accident pour boire. L'un de ces Allemands, voyant ma position ridicule, chercha à la rendre plus grotesque encore, en m'enfonçant la tête et en la maintenant longtemps sous l'eau...

129   ...Seul, le malheureux Haynery-Lambinet... fut injurié... et frappé...

A la suite des mauvais traitements, il devint complètement fou et, depuis, il est mort...

131   Remy, père, fabricant de cerceaux.

« Mon fils Elisée étant malade d'une pleurésie, qui le contraignait à garder le lit depuis deux mois, nous n'avons pu, comme la plupart, fuir à l'approche de l'ennemi...

Au moment où les flammes atteignaient la toiture, un officier bavarois se présenta sur le seuil de notre chambre, la face contractée, le sabre au poing et le revolver de l'autre.

« N'écoutant ni les cris, ni la douleur, ni les prières de ma bru, qui se tenait suppliante et tout en larmes au pied du lit, avec son enfant 132 dans les bras, il s'approcha du malade et fit feu sur lui, deux fois, à bout portant.

« L'arme encore fumante, il se retira, laissant pour mort mon cher Elisée, qui, quinze jours après, succombait à ses deux blessures, — une balle au menton et l'autre à la main droite...

« Pendant que je le transportais au château de Montvilliers..., je fus finalement condamné à être passé par les armes. Les soldats m'avaient déjà 133 dépouillé du peu que j'avais sur moi, quand apparut un chef qui leur intima l'ordre de me laisser libre.

137   ... nous avons ainsi été menés devant un général. Cet officier supérieur ne daigna même pas nous écouter, et intima l'ordre à l'un de ses officiers de nous faire sortir.

Sur la route, les soldats voulant s'égayer à leurs dépens, essaient de les faire tomber dans un fossé rempli d'eau.

Le malheureux Gallet, mourant de soif, essaie de boire en se mettant à plat-ventre le long de ce fossé. Un loustic bavarois cherche à enfoncer la tête du prisonnier et à la maintenir longtemps sous l'eau...

632   Le sieur Hagnery-Lambinet, à la suite de mauvais traitements, devient complètement fou, et meurt après vingt-quatre heures de souffrances.

623   Le fils d'un tonnelier, Elisée Remy, jeune homme de vingt-six ans, est malade d'une pleurésie, qui le contraint à garder le lit depuis deux 624 mois, et n'a pu, comme la plupart des autres habitants, fuir à l'approche de l'ennemi.

... les flammes atteignent la toiture... A ce moment, un officier bavarois se présente sur le seuil de la chambre, la face contractée, le sabre au poing et le revolver de l'autre.

N'écoutant ni les cris, ni la douleur, ni les prières de la jeune femme du malade, qui se tient suppliante et tout en larmes, au pied du lit, avec son enfant dans les bras, il s'approche d'Elisée Remy et fait feu sur lui, deux fois, à bout portant.

L'arme encore fumante, il se retire, laissant pour morte sa victime, qui, quinze jours après, succombait à ses deux blessures, — le menton fracassé et le poignet brisé par deux balles.

632   Le sieur Remy en transportant à l'ambulance du château de Montvillers... son pauvre fils est arrêté..., condamné à être passé par les armes. Les soldats l'ont déjà dépouillé du peu qu'il a sur lui, quand apparaît un hauptmann qui leur intime l'ordre de le laisser libre.

635   Les Bazeillais sont alors conduits devant un général qui ne daigne pas même les écouter, et intime l'ordre à son aide de camp de les faire sortir.

... nous fûmes dirigés vers Bazeilles... ne faisant pas cent pas qu'on nous forçât à nous
138 agenouiller, en faisant le simulacre de vouloir nous tuer. Arrivés à la gare, nous rencontrâmes un officier, aux traits durs et rébarbatifs, qui nous traita de brigands et d'assassins...

139 Moutarde-Dehaye, tisseur.
... une bande de soldats... fit irruption dans ma maison... Je fus immédiatement accablé de coups, et l'un d'eux, pour m'effrayer sans doute, tira un coup de feu dans le plancher.

140 ... je fus frappé par les soldats, qui prétendaient que je marchais trop lentement...
...des Bavarois... se déployèrent en demi-cercle et nous ajustèrent.

141 ... je m'écriai alors : « Fusillez-moi donc, je suis prêt, qu'attendez-vous ? » Ce n'était qu'une menace.

634 A Angecourt, les Bavarois forcent les prisonniers à s'agenouiller, et font le simulacre de vouloir les tuer. Là, un officier, aux traits durs et rébarbatifs, traite ces malheureux de brigands, d'assassins...

631 Moutarde-Dehaye, tisseur, est arrêté dans sa maison par des soldats qui criblent son plafond de coups de feu, pour l'effrayer sans doute, et l'emmènent à la gare en le rouant de coups, car

ils prétendent qu'il marche trop lentement...

A un moment les Bavarois l'ajustent avec leur werder,

« Fusillez-moi donc..., je suis prêt, qu'attendez-vous?... » Ce n'est qu'une menace...

SANGLANTS COMBATS

GEORGE BASTARD

116   ... Une personne notable des environs, ayant appris que le colonel du 3e chasseurs d'Afrique était là, vient offrir ses services à son ancien camarade
117 de hussards : le colonel de Galliffet qui le présente lui-même au général Margueritte. M. Grafteaux est alors attaché officiellement à la division pour guider la colonne à travers le pays.

135   Les 3e et 4e escadrons du 12e chasseurs, partis de Bazancourt, font jonction à Châtillon avec les 5e et 6e escadrons du même régiment. Le général de la Mortière suit les chasseurs avec le 5e lanciers. L'avant-garde est confiée au 4e escadron de chasseurs.

A cinq heures, la brigade de cavalerie de Bernis s'arrête pour laisser passer le général Nicolas, qui marche avec un bataillon du 61e de ligne dans la direction de Brieulles, où les deux brigades Saurin et Nicolas doivent se réunir sous les ordres du général Goze. Puis, elle se remet aussitôt en avant-garde, tandis que la 3e division Guyot de Lespart prend la tête de la colonne d'infanterie... On s'avance avec plus de précaution. Les cavaliers explorent les bords de la route à une grande distance. On fait halte, et pendant ce temps les chasseurs, comme par amusement, aiguisent leur sabre sur le macadam de la route. Malheureusement, le brouillard empêche de rien distinguer.

136   Un cavalier de l'extrême avant-garde vient prévenir qu'on aperçoit quelques dragons à quatre cents mètres. Sur l'ordre du général, le sous-lieutenant Rossignol part sur la route de Grandpré avec le deuxième peloton et le maréchal des logis Ferrand. En traversant le village de Buzancy, il apprend par les habitants qu'une vingtaine de uhlans sont venus le matin et repartis depuis deux heures.

A huit heures et demie, le 12e régiment de chasseurs... arrive devant Buzancy.

FRANÇAIS ET ALLEMANDS

DICK DE LONLAY

335   Une personne notable des environs, ayant appris que le colonel du 3e chasseurs d'Afrique est aux Grandes-Armoises, vient offrir ses services à son ancien camarade des hussards, le colonel de Galliffet, qui le présente lui-même au général Margueritte. M. Grafteaux est alors attaché officiellement à la division pour garder la colonne à travers le pays.

342   Le 27, les 3e et 4e escadrons partent de Bazancourt à quatre heures du matin et rejoignent les 5e et 6e escadrons à Châtillon.
Le général de la Mortière suit les chasseurs avec le 5e lanciers. L'avant-garde est confiée au 4e escadron de chasseurs...

A cinq heures, les chasseurs s'arrêtent pour laisser passer le général Nicolas, qui marche avec un bataillon du 61e de ligne dans la direction de Brieulles, où les deux brigades Saurin et Nicolas doivent se réunir sous les ordres du général Goze. Puis ils se remettent aussitôt en avant-garde, tandis que la 3e division, Guyot de Lespart, prend la tête de la colonne.
On avance avec une extrême précaution. Les cavaliers explorent les abords de la route à une grande distance. On fait halte, et pendant ce temps, les chasseurs, comme par amusement, aiguisent leurs sabres sur le macadam de la route. Malheureusement le brouillard empêche de rien distinguer.

Un cavalier de l'extrême avant-garde vient prévenir qu'on aperçoit quelques uhlans à quatre cents mètres. Sur l'ordre du général de Bernis, le sous-lieutenant Rossignol part sur la route de Grand-Pré, avec le 2e peloton et le maréchal des logis Ferrand. En arrivant près du village de
343 Buzancy, des paysans racontent..... qu'une vingtaine de uhlans sont venus le matin même... et qu'ils en sont repartis depuis deux heures.

A huit heures et demie du matin, le 12e chasseurs à cheval arrive devant Buzancy.

Le 12e chasseurs.

137   Le capitaine divise son escadron et envoie deux pelotons en éclaireurs, laissant les deux autres sous les ordres du capitaine Raimond, qui se place de manière à surveiller les routes de Nouart et de Bayonville.

Détachant alors des petits postes ou des vedettes en observation près des bois de la Folie.... le capitaine va, avec le sous-lieutenant Rossignol, reconnaître quelques bouquets d'arbres situés en avant. Le brouillard se lève et découvre l'horizon.

Fermes et droits sur leur selle, la botte aux flancs et le fusil haut, — la crosse reposant sur la cuisse, — nos chasseurs, dispersés en tirailleurs, s'apprêtent à enlever leurs chevaux... Il peut être neuf heures.

Pendant ce temps, le capitaine adjudant-major de Lavigne accourt vers le capitaine d'Ollonne. Il vient lui dire, de la part du général de Bernis, qu'il allait trop loin et qu'il valait mieux que l'engagement eût lieu plus en arrière.

138   Retournez dire au général, répondit le capitaine d'Ollonne, que je suis déjà engagé, et il lui fit remarquer les groupes de cavaliers allemands...

Mais ils reviennent plus nombreux ; quelques instants après ils s'avancent avec plus de résolution que la première fois. A ce moment, le capitaine se retourne et dit au sous-lieutenant de Merval : Commandez le feu !

Une vive fusillade accueille leur apparition... Ils s'enfuient, emmenant les blessés, dont les fusils... sont abandonnés.

Le capitaine revient vite au centre du 4e escadron, que le capitaine Raimond achevait de rallier à la sortie de Buzancy. Alors, on cherche à les attirer en les attaquant de nouveau et se retirant ensuite, les yeux toujours fixés vers ces bois mystérieux.

Un escadron du 3e régiment de dragons saxons apparaît au galop sur la crête... Devant ces forces trop importantes pour nos lignes, celles-ci se rejettent alors dans les champs, à droite de la route, et se rallient aux autres pelotons du 4e escadron.

Enhardis, les Saxons continuent d'avancer ; mais, apercevant notre réserve établie à cent cin-

433   La deuxième division, sous les ordres du capitaine en second Raimond, se disperse en tirailleurs, de manière à surveiller les routes de Nouart et de Bayonville ;

de son côté, le capitaine d'Ollonne va, avec le sous-lieutenant Rossignol, reconnaître le bois de la Folie.

Les hommes, le fusil haut, la crosse appuyée sur le paquetage... s'avancent au trot de leurs petits chevaux barbes... Le brouillard se lève à ce moment et découvre l'horizon : il peut être neuf heures.

Pendant ce temps, le capitaine adjudant-major de Lavigne recourt vers le capitaine d'Ollonne. Il vient lui dire, de la part du général de Bernis, qu'il va trop loin et qu'il vaut mieux que l'engagement ait lieu plus en arrière.

Le capitaine d'Ollonne fait remarquer ces groupes au capitaine de Lavigne.

— Retournez dire au général, lui répond-il, que je suis déjà engagé.

Bientôt ces groupes de uhlans s'avancent plus nombreux et avec une extrême résolution. Le capitaine se retourne et dit au sous-lieutenant de Merval : Commandez le feu !

Salués par une décharge générale de nos chasseurs, ces uhlans rentrent sous bois au plus vite, emmenant des blessés, abandonnant leurs armes...

Le capitaine d'Ollonne revient vite au centre du 4e escadron, que le capitaine Raymond achève de rallier à la sortie de Buzancy. Alors, on cherche à attirer les cavaliers ennemis en les attaquant de nouveau et se retirant ensuite, les yeux toujours fixés vers ces bois mystérieux.

344   A ce moment, une masse de cavalerie apparaît au-dessus de la crête qui domine le village... et nous charge à bride abattue...

C'est le 3e régiment de cavalerie saxonne.

Devant ces forces trop importantes... se jette alors dans les champs, à droite de la route, et se rallie aux autres pelotons du 4e escadron.

Enhardis, les Saxons continuent d'avancer ; mais, apercevant notre réserve établie... à cent quante mètres au bout de la pente, ils se mettent au pas, s'arrêtent enfin à quarante mètres du village de Buzancy.

130   A ce moment, le 3e escadron chargeait lui-même ses armes au bas du village. En avant! crie-t-on.

Sanglés dans leurs dolmans verts à nombreux brandebourgs noirs, le talpack enfoncé jusqu'aux oreilles, les chasseurs traversent Buzancy au grand trot et se forment sur le côté droit de la route de Stenay.

Le lieutenant-colonel de la Porte et le commandant Vata se portent ainsi avec le 3e escadron, capitaine de Bournazel, en soutien du 4e à la sortie du village.

Il est environ onze heures.

Droit et fier sur son cheval, un officier supérieur allemand se place en avant de son escadron, qui reste immobile...

Enfin l'officier saxon salue de l'épée, avec une courtoisie chevaleresque, les troupes qu'il va combattre...

Le lieutenant-colonel de la Porte lève son sabre et les trompettes sonnent la charge. En avant! crient les officiers du 3e escadron. Et... s'élance en tête pour prendre de flanc l'escadron saxon. On s'aborde sur la chaussée même de la route.

Pour pénétrer dans la masse... il faut creuser des vides à coups de revolver.

Alors, on entre les uns dans les autres, presque au pas...

140   Un corps à corps s'engage à l'arme blanche, un combat acharné et tumultueux se livre...

Les Germains lâchent les rênes pour prendre à deux mains leur lourd glaive à large tranchant et s'en servir comme d'une massue.

Nos petits chasseurs, plus souples, plus adroits, qui ont affilé leur lame de sabre sur la peau tannée des Mexicains, leur portent des coups de pointe terribles qui ne pénètrent pas, il est vrai, ni dans la poitrine, ni dans le dos, mais entrent avec une étonnante facilité dans les flancs. Toujours des plastrons en cuir qui les protègent!

Combien dure cette première mêlée? Quatre, cinq, six minutes peut-être!...

Mais le sang coule. De nombreux cavaliers ennemis gisent à terre. Les autres sont reconduits, le sabre dans les reins, à plus de cinq cents mètres.

Enfin deux autres escadrons saxons nous chargent à leur tour. Accablé par le nombre, le

---

cinquante mètres au bout de la pente, ils se mettent au pas, et arrivent enfin à quarante mètres du village de Buzancy.

A ce moment, le 3e escadron charge lui-même ses armes au bas du village. En avant! crie-t-on.

Sanglés dans leurs dolmans verts à brandebourgs noirs, le talpack enfoncé jusqu'aux oreilles, les chasseurs... traversent Buzancy au grand trot et se forment sur le côté droit de la route de Stenay.

Le lieutenant-colonel de la Porte et le commandant Vata se portent ainsi avec le 3e escadron, capitaine de Bournazel, en soutien du 4e à la sortie du village.

Il est environ onze heures.

Un officier supérieur allemand, droit et fier sur son cheval, se place en avant de ses cavaliers qui restent immobiles, et salue de l'épée, avec une courtoisie chevaleresque, les troupes... qu'il va combattre...

Le lieutenant-colonel de la Porte lève son sabre, les trompettes sonnent la charge, et le 3e escadron s'élance pour prendre de flanc des Saxons...

On s'aborde sur la chaussée même de la route. Un terrible combat, corps à corps, à l'arme blanche s'engage.

Pour pénétrer dans la masse... il faut creuser des vides à coups de revolver.

Alors, on entre les uns dans les autres...

Les Germains lâchent les rênes, pour prendre à deux mains leur lourd glaive à large tranchant et s'en servent comme d'une massue.

Mais nos petits chasseurs, plus souples, plus adroits, qui ont affilé leur lame de sabre sur la peau tannée des Mexicains, portent aux Saxons des coups de pointe terrible qui ne pénètrent pas.

345   il est vrai, ni dans la poitrine, ni dans le dos, mais entrent avec une étonnante facilité dans les flancs. Toujours des plastrons en cuir qui les protègent!

Cette première mêlée dure cinq minutes..., et déjà le sang coule abondamment, déjà de nombreux cavaliers ennemis gisent à terre. Les autres sont reconduits, le sabre dans les flancs, à plus de cinq cents mètres...

... deux nouveaux escadrons saxons apparaissent encore... Accablé par le nombre, le 3e esca_

3e escadron de chasseurs redescend la pente à bride abattue jusque dans les rues du village.

Cependant le 4e escadron qui se montre encore tout frémissant de son premier engagement, se reforme et s'élance. Le 3e escadron se rallie immédiatement après lui, le lieutenant-colonel se met au centre avec les adjudants, et les trompettes sonnent la charge en galopant derrière les escadrons. En avant !

141 Nos chasseurs remontent une seconde fois la côte, pêle-mêle et ventre à terre, malgré les cadavres d'hommes et de chevaux qui jonchent la route.

Ils franchissent tous les obstacles pour tomber sur les escadrons allemands. Le lieutenant colonel de la Porte est atteint au bras droit plusieurs fois.

Renversé et piétiné, entouré par un groupe de Saxons, il est encore frappé à terre, où il reçoit une blessure à la tête. C'est à peine s'il peut se traîner jusqu'à la lisière d'un petit taillis qui borde la route.

Le capitaine de Bournazel, ayant perdu sa coiffure, est assailli de plusieurs coups de sabre qui lui fendent la tête en croix. Il tombe de cheval et est fait prisonnier.

Un coup de taille emporte la joue droite du brave capitaine d'Olonne, qui, démonté, cerné par trois ou quatre Prussiens, les étend finalement à ses pieds. Un coup de sabre fend le talpack du lieutenant Marescaux, qui riposte par un coup de pointe dans le corps de son adversaire.

Mais les coups de tranchant pleuvent comme des hallebardes sur cet officier, à l'épaule, à la tête, lorsque l'adjudant Fourès bondit vers lui et l'aide à se dégager.

Deux sous-lieutenants : l'un, M. Sarrailh, a son cheval tué et est forcé de se rendre à un officier saxon en lui remettant son arme toute fumante encore ; l'autre M de Merval, sorti la veille de Saint-Cyr, culbute avec son cheval sur un monceau 142 de cadavres et, son sabre brisé, il se voit entouré par les Prussiens, qui lui arrachent son revolver déchargé de ses six balles.

Le sous-lieutenant Rossignol prend alors le commandement du peloton de Merval. Mais dans ce heurtement général il est entouré par l'ennemi.

Un jeune officier allemand saisit la bride de son cheval et lui dit : *Donnez-moi vos armes, et il ne vous sera rien fait...* D'une balle de son revolver, le sous-lieutenant de chasseurs lui perce la poitrine. Alors les dragons s'acharnent sur sa personne.

---

dron de chasseurs redescend la pente à bride abattue, jusque dans les rues du village.

346 Cependant, le 4e escadron, qui se montre encore tout frémissant de son premier engagement, se reforme et court sus à l'ennemi... Le 3e escadron s'est rallié immédiatement après le 4e ; le lieutenant-colonel s'est mis au centre avec les adjudants ; les trompettes sonnent la charge, en galopant derrière les escadrons. En avant !

Nos chasseurs remontent une seconde fois la côte, pêle-mêle, et ventre à terre, malgré les cadavres d'hommes et de chevaux, qui jonchent la route. Ils franchissent tous les obstacles, pour tomber sur les escadrons allemands.

Le lieutenant-colonel de la Porte est atteint au bras droit de deux coups de sabre.

Renversé, piétiné, entouré par un gros de Saxons... il est encore frappé à terre, où il reçoit une blessure à la tête. C'est à peine s'il peut se traîner jusqu'à la lisière d'un petit taillis qui borde la route...

Le capitaine de Bournazel perd son talpack et reçoit plusieurs coups de sabre qui lui fendent la tête en croix. Il tombe de cheval et est fait prisonnier.

Un coup de taille balafre fortement la joue droite du brave capitaine d'Olonne, qui, démonté, cerné par trois ou quatre Prussiens, les étend finalement à ses pieds. Le sous-lieutenant Marescaux a son talpack fendu d'un coup de taille, mais il riposte par un vigoureux coup de pointe dans le corps de son adversaire.

... il est blessé aux reins, à la tête, et va succomber, lorsque l'adjudant Fourès bondit à son secours et l'aide à se dégager.

Le sous-lieutenant Sarrailh a son cheval tué et est forcé de se rendre à un officier saxon, en lui remettant son revolver encore tout fumant. Un tout jeune officier, le sous-lieutenant de Merval, sorti la veille de Saint-Cyr..., culbute avec son cheval sur un monceau de cadavres, et, son sabre brisé, se voit entouré par de nombreux Saxons, qui lui arrachent son revolver déchargé de ses six balles.

Le sous-lieutenant Rossignol prend alors le commandement du peloton de Merval. Mais dans cette mêlée générale il est cerné par les cavaliers allemands.

347 Un jeune officier saisit la bride de son cheval et lui dit : *Rendez-moi vos armes, et il ne vous sera rien fait...* Pour toute réponse, l'officier français lui décharge son revolver en pleine poitrine. Les Saxons furieux, s'acharnent alors après lui.

Un coup de sabre lui enlève sa coiffure, puis deux, puis trois le blessent à la figure, à l'épaule, en coupant la banderolle de sa giberne.

Près de lui, les cavaliers Yunck et Sholné reçoivent d'affreuses blessures au visage et sur les bras. Enfin, au milieu de cette lutte acharnée, le sous-lieutenant Rossignol, qui se défendait toujours avec vigueur, reçoit un formidable coup qui lui fend le crâne.

Le sang ruisselle sur les yeux, dans la bouche, l'aveugle et l'étouffe. Il tombe de cheval et s'étend dans un fossé. Les maréchaux des logis Crevelle, Rougeron, Bretnacher, se défendent également[1] en désespérés.

Au bord d'un fossé, le sous-officier de Kersabiec, protégeant son capitaine blessé, s'élance sur un officier saxon et le saisit au collet en disant : *Rendez-vous, Monsieur, vous êtes prisonnier!*

L'officier, pour toute réponse, fend d'un coup de sabre le visage du maréchal des logis, qui à son tour riposte par un formidable coup de pointe.

143 Çà et là, des chasseurs démontés se relèvent e continuent à pied le coup de feu contre les dragons saxons. Pendant que le vieux maréchal des logis Grafft lutte avec une rare énergie contre un groupe de cavaliers ennemis et qu'il tombe à reculons..., un maréchal-ferrant, ayant encore son cheval abattu entre ses jambes, tient en échec par un habile moulinet de son sabre les ennemis qui font cercle autour de lui.

Le brigadier Machart — un hercule ayant la taille d'un géant — se conduit comme un héros et revient avec son sabre rouge de sang jusqu'à la garde. Tous ces vieux serviteurs, couverts de croix et de médailles, font des prodiges de valeur.

Le général commandant, qui, du plateau élevé de Bar, suivait les péripéties de la lutte, prescrit alors une diversion. Il ordonne au colonel de Tucé d'aller choisir avec les derniers escadrons qui lui restent une bonne position, sur le flanc droit des cavaliers allemands.

Le colonel de Tucé, accompagné du commandant Sautelet, enlève alors le 5e escadron. Mais les Saxons, acharnés à la poursuite des chasseurs, entrent dans le village et viennent, sans pouvoir arrêter leurs chevaux, se heurter contre la queue de la colonne, qui leur barre la route.

Bientôt Allemands et Français se trouvent tellement entassés dans cette ruelle étroite, qu'il leur est impossible de faire usage de leurs armes; ils en arrivent à se contempler face à face, sans pouvoir combattre.

Un coup de sabre le décoiffe, puis deux, puis trois, le blessent à la figure, à l'épaule, coupent le baudrier de sa giberne.

Près de lui, les cavaliers Yunck et Sholué reçoivent d'affreuses blessures au visage et sur les bras.

Enfin, au milieu de cette lutte acharnée, le sous-lieutenant Rossignol, qui se défend toujours avec vigueur, reçoit un formidable coup, qui lui fend le crâne.

Le sang ruisselle sur ses yeux, dans sa bouche, 348 l'aveugle et l'étouffe. Il tombe de cheval et s'étend dans un fossé. Les maréchaux des logis Crevelle. Rougeron, Bretnacher, se défendent également en désespérés.

Au bord d'un fossé, le sous-officier de Kersabiec, voulant protéger le capitaine de Bournazel qui gît blessé..., s'élance sur un officier saxon et le saisit au collet, en disant : *Rendez-vous, Monsieur, vous êtes prisonnier!*

L'Allemand répond en fendant d'un coup de sabre le visage du maréchal des logis, qui, à son tour, riposte par un formidable coup de pointe.

Çà et là, des chasseurs démontés se relèvent et continuent à faire, à pied, le coup de feu contre les Saxons. Le vieux maréchal des logis Grafft lutte avec une rare énergie contre un groupe de cavaliers ennemis et tombe enfin accablé par le nombre; un maréchal-ferrant, ayant encore son cheval abattu entre les jambes, tient en échec par un habile moulinet de son sabre, dix ennemis qui font cercle autour de lui.

Le brigadier Machart, un hercule ayant la taille d'un géant, se conduit comme un héros et revient avec son sabre rouge de sang jusqu'à la garde. Tous ces vieux serviteurs, couverts de croix et de médailles, font des prodiges de valeur.

Le général de Bernis, qui, du plateau élevé de Bar, suit les péripéties de la lutte, prescrit alors une diversion. Il ordonne au colonel de Tucé d'aller choisir, avec les derniers escadrons qui lui restent une bonne position, sur le flanc droit des cavaliers allemands.

Le colonel de Tucé..., accompagné du commandant Sautelet, enlève alors le 5e escadron... Les Saxons, acharnés à la poursuite des chasseurs, sont entrés dans le village, et, sans pouvoir arrêter leurs chevaux, viennent se heurter contre la queue de la colonne, qui leur barre la route.

Bientôt Français et Saxons se trouvent tellement entassés dans cette ruelle étroite, qu'il leur est impossible de faire usage de leurs armes. Ils en arrivent à se contempler face à face, sans pouvoir combattre.

144 Un brusque arrêt s'étant produit, les derniers de la colonne, qui en ignorent la cause, cherchent à avancer et poussent leurs camarades. Il s'ensuit une bousculade énorme.

Mais heureusement une issue s'offre à gauche de l'unique rue du village pour les derniers pelotons du 5e escadron qui, plus libres de leurs mouvements, s'engagent par une voie latérale.

Sans faire remettre au fourreau les sabres, qui restent suspendus à la dragonne, le capitaine Compagny commande : *Haut le fusil!* Une décharge éclate à quinze ou vingt mètres.

Les chasseurs quittent alors le fusil pour le sabre et, franchissant haies, jardins, clôtures, font irruption à gauche de la chaussée sur les derrières de l'ennemi.

La mêlée devint furieuse.

On se bat avec acharnement.....

Les trois escadrons du 12e chasseurs, enlevés d'une façon brillante par les lieutenants de Braux, de Chabot, Chatelain qui fait un prisonnier, et par le maréchal des logis chef Caillibeau, se jettent alors sur les quatre escadrons du 3e Saxons, qu'ils dispersent et écrasent...

Plusieurs officiers : le capitaine de Bournazel, les sous-lieutenants Sarrailh et de Merval en 145 profitent pour recouvrer la liberté. Délivrés par ce brusque retour offensif, les vêtements en lambeaux et tête nue, ils enfourchent des chevaux sans cavaliers.

M. de Merval attrape un cheval de troupe couvert de sang que lui amène le brigadier Charton, et il rejoint son escadron. Mais le lieutenant-colonel de la Porte, ayant le bras cassé, reste entre les mains de l'ennemi qui le conduit à Dun.

Le sous-lieutenant Rossignol, qui avait repris connaissance, malgré son horrible blessure au crâne, saisissait un cheval par la crinière, revenait à Buzancy et rejoignait son régiment.

Pendant ce temps-là, nos chasseurs continuaient leur poursuite avec acharnement. Les plus hardis arrivaient sur les crêtes assez raides, refoulant l'ennemi et le culbutant, le sabre dans les reins, jusqu'au haut de la côte. Là, cependant, nos escadrons s'arrêtent.

Ils cessent de frapper, ils cessent de poursuivre, car d'autres escadrons saxons s'apprêtent à reprendre l'offensive, à l'est de la route de Rémonville.

Deux pièces de la 1re batterie d'artillerie à cheval du 12e régiment, batterie Zeuker, qui, pen-

---

Un brusque arrêt s'étant produit, les derniers de la colonne, qui en ignorent la cause, cherchent à avancer et poussent leurs camarades. Il s'ensuit une bousculade énorme.

Heureusement une issue s'offre à gauche de l'unique rue du village pour les pelotons du 5e escadron qui, plus libres de leurs mouvements, s'engagent par cette voie latérale.

349 Sans faire remettre au fourreau les sabres, qui restent suspendus à la dragonne, le capitaine Company commande : *Haut le fusil!...* Une décharge... éclate à une quinzaine de mètres...

Les chasseurs quittent alors le fusil pour le sabre, et franchissant haies, jardins, clôtures, font irruption à gauche de la chaussée, sur les derrières de l'ennemi.

La mêlée devint furieuse. On se bat avec acharnement.

Les lieutenants de Braux, de Chabot et Chatelain se distinguent... ainsi que le maréchal des logis chef Caillibeau. Le lieutenant Chatelain fait prisonnier de sa main un sous-officier ennemi. Nos trois escadrons de chasseurs, chargeant, prennent en flanc les quatre escadrons du 3e Saxons..., les renversent et les dispersent.

Plusieurs officiers : le capitaine de Bournazel, les sous-lieutenants Sarrailh et de Merval en profitent pour recouvrer la liberté. Délivrés par ce brusque retour offensif, les vêtements en lambeaux et, tête nue, ils enfourchent des chevaux sans cavaliers.

M. de Merval attrape un cheval de troupe couvert de sang, que lui amène le brigadier Charton, et rejoint son escadron. Malheureusement, le lieutenant-colonel de la Porte, ayant le bras cassé, reste entre les mains de l'ennemi, qui le conduit à Dun.

Le sous-lieutenant Rossignol, qui a repris connaissance, malgré son horrible blessure au crâne, saisit un cheval par la crinière, revient à Buzancy et rejoint son régiment.

350 Nos chasseurs continuent à poursuivre... avec acharnement. Les plus hardis arrivent sur les crêtes assez raides, refoulant l'ennemi et le culbutant, le sabre dans les reins, jusqu'au haut de la côte. Là, cependant, nos escadrons s'arrêtent.

Ils cessent de frapper, ils cessent de poursuivre, car d'autres escadrons saxons s'apprêtent à reprendre l'offensive, à l'est de la route de Rémonville.

Deux pièces de la 1re batterie d'artillerie à cheval du 12e régiment, batterie Zeuker, qui, pendant le combat, étaient venues prendre position sur les hauteurs boisées, se démasquent alors subitement et nous couvrent d'obus.

Un régiment de cavalerie, en lignes de colonnes, appuyé par le 3e escadron du 2e régiment de uhlans, commence à descendre les crêtes.

Nous n'avons plus qu'à nous replier, car de 146 nombreux fantassins s'embusquent en même temps à la lisière des bois.

Nous sommes en présence de plusieurs brigades ... les 23e et 24e commandées par les généraux-majors Krudge Nidda et Senfft de Pilsach, qui couvrent tous les alentours du village de Sivry.

Mais les groupes... sont criblés par les projectiles, qui fauchent les jambes des chevaux... Au péril de sa vie, le sous-lieutenant de Chabot s'arrête pour aider le chasseur Maillard à remonter à cheval.

Mais le but de notre reconnaissance était atteint, et à une heure, les escadrons engagés pendant cette chaude affaire venaient se reformer en arrière de Buzancy.

147 En traversant le village... l'on remarque les numéros inscrits à la craie par les uhlans sur les portes des maisons, correspondant à des séries de billets de logements.

146 Outre nos cinq officiers blessés : MM. de la Porte, d'Olonne, de Bournazel, Marescaux, Rossignol, nous avons soixante-quatre hommes mis hors de combat, y compris plusieurs tués et douze prisonniers...

Les Saxons laissent sur le terrain une cinquantaine de morts, et parmi eux quelques officiers; un grand nombre est blessé, notamment un major et deux capitaines.

Nos chasseurs ramènent une douzaine de chevaux...

147 Sur l'un de ces chevaux... se trouve le revolver du sous-lieutenant Sarrailh; la selle est teinte de sang. Sans doute, est tombé à son tour l'officier saxon qui avait fait prisonnier lesous-lieutenant Sarrailh ?...

Le colonel va de la tête de sa colonne à la fin, interrogeant les uns et les autres sur ce qu'ils ont donné ou reçu.

— Qu'avez-vous? demande-t-il à un homme qui 148 a la moité de la veste emportée et le talpack traversé.

— Deux coups, l'un sur l'épaule et l'autre sur la tête. Mais ça n'est rien.

— Et vous êtes prêt à recommencer?

— Quand on voudra, mon colonel.

Tous les talpacks sont lacérés de coups de sabre. Nos chasseurs, le visage ensanglanté ou noir de poudre, le bras en écharpe ou noué d'un

dant le combat sont venues prendre position sur les hauteurs boisées..., se démasquent alors subitement et couvrent nos chasseurs d'obus.

Un régiment de cavalerie, en ligne de colonnes, appuyé par le 3e escadron du 2e régiment de uhlans... commence à descendre les crêtes.

Nos escadrons n'ont plus qu'à se replier, car de nombreux fantassins s'embusquent en même temps à la lisière des bois.

Nous sommes en présence des 23e et 24e brigades, commandées par les généraux-majors Krugde Nidda et Senfft von Pilsach, qui couvrent tous les alentours du village de Sivry...

... et nos chasseurs battent lentement en retraite sous une grêle d'obus qui fauchent les jambes des chevaux. Là, au péril de sa vie, le lieutenant de Chabot s'arrête pour aider le chasseur Maillard à remonter à cheval.

Mais le but de notre reconnaissance est atteint, et à une heure, les escadrons engagés pendant cette chaude affaire viennent se reformer en arrière de Buzancy, dont les uhlans avaient déjà couvert les portes des maisons de numéros inscrits à la craie et correspondant à des séries de billets de logement.

Là, on se compte : soixante-deux de nos chasseurs ont reçu des blessures... Deux de nos hommes ont été en outre tués sur place. Cinq officiers sont blessés : MM. de la Porte, d'Olonne, de Bournazet, Marescaux et Rossignol.

Les Saxons laissent sur le terrain une cinquantaine de morts, et parmi eux quelques officiers ; un grand nombre est blessé, notamment un major et deux capitaines.

Nos chasseurs ramènent une douzaine de chevaux, et sur l'un de ceux-ci se trouve le revolver 351 du sous-lieutenant Sarrailh. La selle est teinte de sang ; sans doute, l'officier saxon qui a fait prisonnier celui-ci, a été tué.

Le colonel... va de la tête de la colonne à la queue, interrogeant ses hommes sur ce qu'ils ont donné ou reçu.

— Qu'as-tu? demande-t-il à un chasseur qui a la moitié du dolman emporté et le talpack traversé.

— Deux coups, mon colonel, l'un sur l'épaule et l'autre sur la tête ; mais ce n'est rien.

— Et tu es prêt à recommencer?

— Quand on voudra, mon colonel.

Tous les talpacks sont lacérés de coups de sabre. Nos chasseurs, le visage ensanglanté ou noir de poudre, le bras en écharpe ou noué d'un mouchoir, traversent le 5e lanciers, qu témoigne sa rage de n'avoir pas participé à l'affaire.

Un régiment d'infanterie les acclame au passage. Les chasseurs exténués, les chevaux éreintés...

Le 12e chasseurs bivouaque dans la boue autour d'Authe, où les femmes du village réparent les vêtements déchirés. La cavalerie reste sans tente, sans feux et la bride au bras.

L'infanterie s'enveloppe de couvertures mouillées sur des lits de feuilles humides, car. de tous côtés, à Brieulles. à Belleville, l'armée campe au milieu des terres labourées et détrempées par les pluies.

mouchoir, traversent le 5e hussards, qui témoigne sa rage de n'avoir pas participé à cette affaire.

Un régiment d'infanterie les acclame au passage. Les chasseurs exténués de fatigue...

Le 12e chasseurs à cheval bivouaque dans la boue autour d'Authe, où les femmes du village réparent les vêtements déchirés... La cavalerie reste sans tente, sans feux et la bride au bras. L'infanterie s'enveloppe de couvertures mouillées sur des lits de feuilles humides, car, de tous côtés, à Brieulles. à Belleville, l'armée campe au milieu des terres labourées et détrempées par les pluies.

SANGLANTS COMBATS

GEORGE BASTARD

160 Les cuirassiers conservent leur armure et les chevaux leur harnachement, prêts à la première alerte. A la nuit tombante, le 2e escadron du 4e chasseurs d'Afrique est envoyé en reconnaissance sur la crête d'une colline, autour de laquelle rôdent à douze cents mètres des uhlans... Et le régiment voit pour la première fois ce soir-là les signaux lumineux des Prussiens, assez semblables tout d'abord à des feux follets, dont on ne tarde pas à constater la régularité.

Des fractions de la cavalerie du général Marguerille sont établies à la Berlière dans une prairie marécageuse, où il est défendu d'allumer des feux. D'autres bivouaquent sous bois en avant de Sommauthe et demeurent toute la nuit la bride au bras, pendant que des reconnaissances rayonnent à travers le pays.

Des éclaireurs du 3e chasseurs d'Afrique distinguaient alors la grand'garde aux environs de Beaumont. Apercevant le couvre-nuque blanc que les chasseurs du 4e régiment avaient conservé autour de leur coiffure, ils tirent sur eux croyant faire feu sur des vedettes ennemies.

Cette fausse alerte fait prendre les armes au 161 4e chasseurs d'Afrique, bivouaqué à la Tuilerie, qui apprend à coups de chassepots la présence de la division Marguerite dont elle doit faire partie. Mais l'erreur est vite reconnue du côté du 3e régiment, et l'ordre, un instant troublé, est rétabli aussitôt dans les rangs. Par une nuit affreuse, le détachement envoyé en reconnaissance retourne à son campement. Le sol, comme inondé par l'eau des pluies, ne retient plus les piquets de tente ni les cordes de bivouac. Les chevaux d'Afrique, toujours infatigables, se mordent entre eux et brisent leurs entraves. Ils s'échappent par bonds prodigieux, lançant autour d'eux des ruades folles et rompant le morne silence des forêts par le bruit de leurs hennissements.

177 Durant la nuit, le général F. Douay a fait fouiller tous les environs par la cavalerie du général Ameil. Le 4e escadron de hussards, après être allé à la Croix-aux-Bois, sous les ordres du commandant de Clavières, est rentré dans Boult-aux-Bois, à six heures du matin, sans avoir aperçu aucun uhlan. Mais le lieutenant-colonel

FRANÇAIS ET ALLEMANDS

DICK DE LONLAY

367 Les cuirassiers conservent leur armure et les chevaux leur harnachement, prêts à la première alerte. A la nuit tombante, le 2e escadron du 4e chasseurs d'Afrique est envoyé en reconnaissance sur la crête d'une colline, autour de laquelle rôdent à douze cents mètres des uhlans ; ce régiment voit pour la première fois ce soir-là, les signaux lumineux des Prussiens assez semblables tout d'abord à des feux follets, mais qu'on ne tarde pas à reconnaître à cause de leur régularité.

Des fractions de la cavalerie du... général Margueritte... s'établissent à la Berlière, dans un bas-fond marécageux, où il est défendu d'allumer des feux. D'autres bivouaquent à Somme-Haute, et demeurent toute la nuit la bride au bras, pendant que des reconnaissances rayonnent à travers le pays.

Des éclaireurs du 3e chasseurs d'Afrique distinguent alors la grand'garde aux environs de Beaumont. Apercevant le couvre-nuque blanc que les chasseurs d'Afrique du 4e régiment ont conservé autour de leurs *taconnets*, ils tirent sur eux, croyant faire feu sur des vedettes ennemies.

Cette fausse alerte fait prendre les armes au 4e régiment de chasseurs d'Afrique, bivouaqué à la Tuilerie, qui apprend, à coups de chassepots, la présence de la division Margueritte dont il doit faire partie. Mais l'erreur est vite reconnue du côté du 3e régiment, et l'ordre, un instant troublé, est rétabli aussitôt dans les rangs. Par une nuit affreuse, le détachement envoyé en reconnaissance retourne à son campement. Le sol, inondé par l'eau des pluies, ne retient plus les piquets de tente, ni les cordes de bivouac. Les 368 chevaux barbes, toujours infatigables, se mordent entre eux et brisent leurs entraves. Ils s'échappent par bonds prodigieux, lançant autour d'eux des ruades folles et rompant le morne silence des forêts par le bruit de leurs hennissements.

376 Durant la nuit, le général Douay a fait fouiller tous les environs par la cavalerie du général Ameil. Le 4e escadron du 4e hussards, après être allé à la Croix-aux-Bois, sous les ordres du commandant de Clavières, est rentré dans Boult-aux-Bois, à six heures du matin, sans avoir aperçu aucun uhlan. Mais le lieutenant-colonel de

de Montauban, avec le 3e escadron. s'est dirigé
sur la route de Grandpré. Avant même d'avoir
atteint le village de Morthomme, occupé par les
Allemands, il se heurte à leurs avant-postes qui
le forcent de se replier sur Thénorgues.

Montauban s'est dirigé, avec le 3e escadron, sur
la route de Grandpré. Avant même d'avoir atteint
le village de Morthomme, occupé par les Allemands, il se heurte à leurs avant-postes qui le
forcent de se replier sur Thénorgues.

177 Le lieutenant-colonel fait placer aussitôt des
vedettes à toutes les issues de ce village. En
attendant, il pénètre dans la maison du maire où
gît blessé un sous-officier du 12e chasseurs, qui
lui donne des détails sur le combat de Buzancy.
Mais pendant qu'il l'écoute, le capitaine Courmont vient le prévenir que ses hussards sont
attaqués par des cavaliers de la garde. Le lieute-
178 nant-colonel de Montauban remonte précipitamment à cheval et jette deux pelotons à leur poursuite, sur la route de Buzancy. Au grand jour, le
3e escadron de hussards revenait à Boult-aux-
Bois. n'ayant perdu qu'un homme.

De son côté, à trois heures du matin, le commandant Esselin avait envoyé ses lanciers en
reconnaissance. Un peloton du 2e escadron était
parti de Belleville pour se porter sur Buzancy;
attaqué à l'improviste dans le village, il avait eu
six cavaliers tués ou enlevés. Un autre peloton
du 3e escadron s'était rencontré sur la route des
Quatre-Champs...

376 Le lieutenant-colonel fait placer aussitôt des
vedettes à toutes les issues de ce village. En
attendant il pénètre dans la maison du maire, où
gît blessé un sous-officier du 12e chasseurs, qui
lui donne des détails sur le combat de Buzancy.
Mais pendant qu'il l'écoute, le capitaine Courmont
vient le prévenir que ses hussards sont attaqués
par des cavaliers de la garde. Le lieutenant-
colonel de Montauban remonte précipitamment
à cheval et jette deux pelotons à leur poursuite,
sur la route de Buzancy. Au grand jour, le 3e
escadron revient à Boult-aux-Bois, n'ayant perdu
aucun homme.

De son côté, à trois heures du matin, le commandant Esselin a envoyé ses lanciers en reconnaissance. Un peloton du 2e escadron est parti de
Belleville pour se porter sur Buzancy ; attaqué à
l'improviste dans le village, il a six cavaliers
tués ou enlevés. Un peloton du 3e escadron s'est
377 rencontré sur la route des Quatre-Champs...

179 Les 3e et 4e escadrons du 4e hussards prenaient
alors la tête, en éclaireurs de la 2e division...
Mais à peine étaient-ils sortis du village de Germont, qu'ils voyaient des uhlans apparaître.

Apercevant devant lui cette masse de cavalerie..., le général F. Douay, marchant en tête de la
2e division, se décide à prendre position.

Le 2e bataillon du 52e de ligne, attaché à la
garde du convoi, a déjà repoussé plusieurs tentatives de uhlans, lorsque le détachement de
cavalerie du 1er corps vient lui prêter main forte.
Le général Douay leur oppose bientôt le 3e
bataillon tout entier, qu'il dissimule au milieu
d'un bois, avec une batterie d'artillerie. D'un
autre côté, les escadrons du 3e hussards, ayant
épuisé leurs cartouches, mais étant appuyés par
le 1er bataillon du 56e, rétrogradent pour attirer
vers eux la cavalerie allemande. Un général
prussien s'avance accompagné de quelques cavaliers, pour bien reconnaître le terrain. Mais un
homme de l'embuscade fait feu trop tôt et la
reconnaissance ennemie s'enfuit promptement au
village des Alleux, sans que nos balles puissent
atteindre.

378 Au moment où les 3e et 4e escadrons du
4e hussards, qui éclairent le VIIe corps, sortent
du village de Germont, ils se rencontrent avec
des uhlans bavarois...

A cette apparition subite, le général Douay, qui
marche avec la division Liébert, donne l'ordre à
celle-ci de s'arrêter et de prendre position.

Le 2e bataillon du 52e, attaché à la garde du
convoi a déjà repoussé plusieurs tentatives de
ces uhlans, lorsqu'un escadron du 3e hussards
(1er corps) vient lui prêter main forte. Le général
Douay oppose aux cavaliers bavarois le 3e bataillon du 52e, qu'il dissimule, au milieu d'un
bois, avec une batterie d'artillerie. D'un autre
côté, les hussards du 3e régiment, ayant épuisé
leurs cartouches, mais étant appuyés par le
1er bataillon du 56e, rétrogradent pour attirer
vers eux la cavalerie allemande. Un général
bavarois s'avance, accompagné de quelques
uhlans, pour bien reconnaître le terrain. Mais un
homme de l'embuscade fait feu trop tôt et la
reconnaissance ennemie s'enfuit promptement au
village des Alleux, sans que nos balles puissent
l'atteindre.

80 Enfin l'avant-garde arrive devant Saint-Pier-

L'avant-garde arrive devant Saint-Pierremont;

remont. Un escadron prussien du 2e régiment débouche par la route de Fontenois...

196 ... deux escadrons du 1er hussards, sous les ordres du commandant Brissaud, s'engageaient en éclaireurs dans Mouzon. La division y pénétrait à son tour vers dix heures et demie, passant un petit ruisseau sur un pont du faubourg et tournant brusquement à droite dans la direction de la ville.

Le général sonde l'horizon avec sa lorgnette; il fouille lui-même les bois environnants et gravit au galop les collines, montrant une admirable énergie et inspirant une inébranlable confiance. Sûr de ce qu'il a vu et des renseignements qu'il a pu vérifier, il transmet le tout au maréchal Mac-Mahon. M. Grafteaux lance alors son cheval ventre à terre sur le pont de Mouzon, où il rencontre le général Lebrun, pour aller remettre au maréchal les informations recueillies par le général Margueritte.

199 Le 4e chasseurs d'Afrique retourne alors sous les ordres du général de Fénelon, et la division Lichtlin reste bivouaquée près de Moulins, situé à douze kilomètres sur la route de Stenay. La brigade des cuirassiers de Béville campe sur les bords de la Meuse, dans les prairies en amont de la ville, près de la ferme de Warmonterne.
La division Margueritte avait poussé jusqu'à cette ligne avancée pour observer l'ennemi. Les escadrons avaient mis pied à terre au milieu des champs, à deux mille mètres seulement..., et des détachements étaient partis en reconnaissance. L'un, composé d'un brigadier et de quatre ou cinq hussards, sous les ordres du lieutenant Buton, qui se trouvait en tête avec son peloton, était descendu au trot vers Moulins...
Pendant qu'il entrait dans le village, des cavaliers prussiens en sortaient et se repliaient jusqu'à Inor. Le lieutenant Buton fit alors l'office de sous-intendant... Il réquisitionna une voiture de pain, la valeur de deux têtes de bétail, et dans une grange de nombreux sacs d'avoine, qu'il ramena pour servir aux distributions de la cavalerie.

200 A quatre heures, la division tout entière remontait à cheval. Elle revenait sur ses pas...
La division Margueritte est campée à l'est de Mouzon, du côté de Vaux dont le chemin va se souder à la route. Divers détachements sont envoyés de grand'garde dans plusieurs directions;

soudain elle aperçoit un escadron prussien qui débouche par le chemin de Fontenoy...

372 Le commandant Brissaud, du 1er hussards, part aussitôt en avant, avec les 1er et 2e escadrons de son régiment, comme avant-garde de la division. Il doit reconnaître Mouzon... Cette petite troupe franchit, vers dix heures et demie, un petit ruisseau sur un pont du faubourg, et, tournant brusquement à droite, traverse la ville au galop...

Le général Margueritte sonde l'horizon avec sa lorgnette, explore lui-même les bois environnants et gravit au galop les collines, montrant une admirable énergie et inspirant une inébranlable confiance. Sûr de ce qu'il a vu et des renseignements qu'il a pu vérifier, il transmet le tout au maréchal de Mac-Mahon. M. Grafteaux lance
373 alors son cheval ventre à terre sur le pont de Mouzon, où il rencontre le général Lebrun, pour aller remettre au maréchal les informations recueillies par le général Margueritte.

375 Le 4e chasseurs d'Afrique retourne alors sous les ordres du général de Fénelon et la division Lichtlin, restée bivouaquée près de Moulins, situé à douze kilomètres, sur la route de Stenay. La brigade des cuirassiers de Béville campe sur les bords de la Meuse, dans les prairies en amont de la ville, près de la ferme de Warmonterne.
La division Margueritte a poussé jusqu'à cette ligne avancée pour observer l'ennemi. Les escadrons ont mis pied à terre au milieu des champs, à deux mille mètres seulement; des détachements sont partis en reconnaissance. L'un, composé d'un brigadier et de cinq hussards du 1er régiment, sous les ordres du lieutenant Buton, qui se trouve en tête avec son peloton, descend au trot vers Moulins et y entre, pendant que des Prussiens en sortent et se replient au galop jusqu'à Inor. Le lieutenant Buton réquisitionne alors une voiture de pain, la valeur de deux têtes de bétail, et, dans une grange, de nombreux sacs d'avoine, qu'il ramène pour servir aux distributions de la cavalerie.

A quatre heures, la division tout entière remonte à cheval; elle revient sur ses pas et va camper à l'est de Mouzon, du côté de Vaux, dont le chemin va se souder à la route. Divers détachements sont envoyés de grand'garde dans plusieurs directions. L'un d'eux, formé d'une vingtaine de l'un d'eux, formé d'une vingtaine de chasseurs commandés par le lieutenant de Ganay, se place à 200 mètres de la ferme de Blanchampagne.

Le 1er hussards se trouve sur une petite pente à gauche de la route et dans un terrain vaseux. Le front du premier escadron est aligné devant
201 une haie d'un mètre, sa droite éloignée à vingt pas du bord de ce chemin, tandis que le reste du régiment est formé en bataille et en colonnes serrées, perpendiculairement à ladite route. L'artillerie de la division est plus rapprochée du village de Vaux, et les chasseurs d'Afrique sont plus loin, en avant d'un petit ruisseau.

Des bouqueteaux d'arbres apparaissent çà et là. Les généraux Margueritte et Tilliard se tiennent sous quelques-uns de ces arbres, qui se dressent à l'angle formé par la haie et la route. Le général Margueritte, couché sur le côté, examine à la lueur d'un petit feu une carte étendue à terre. Son maréchal des logis porte-fanion est debout près de lui, avec un rouleau d'autres cartes à la main. Le jour décline sensiblement.

225 ... Le lieutenant de Ganay qui, depuis une demi-heure entendait le roulement du canon, faisait remonter ses hommes à cheval. En un clin d'œil, ils avaient quitté la ferme de Blanchampagne et disparu à toute la vitesse de leurs petits chevaux barbes. Franchissant cinq à six cents mètres sur une colline inaccessible aux autres chevaux, ils rejoignaient ainsi leur régiment.

— « A cheval ! » commande le général Margueritte...

... Elles descendent les pentes rapides de la col-
226 line, croisant sur leur route l'escadron des guides et la garde de l'empereur qui, partis le matin de Raucourt, se rendaient à la ferme de Baybelle. Mais elles s'arrêtent au bas du chemin creux où la route s'élargit en déblai, pour attendre la fin de l'encombrement. Car, à la voix tonnante du canon, le général Lebrun qui se préparait à marcher sur Carignan, comme il en avait l'ordre, se ravisait pour porter secours au général de Failly.

Trois brigades d'infanterie du 12e corps avaient rompu les faisceaux et se disposaient à pénétrer dans Mouzon, par la porte étroite de Bourgogne. Plusieurs brigades de cavalerie s'avançaient en colonne serrée sur la route et une longue file d'artillerie se déroulait derrière elles lorsque le maréchal de Mac-Mahon arriva.

La 1re division d'infanterie Grandchamp marchait alors avec ses deux brigades Cambriels et de Villeneuve — la gauche en tête — suivie par la division de cavalerie Salignac-Fénelon. Faisant

376 chasseurs d'Afrique, commandés par le lieutenant de Ganay, se place à deux cents mètres de la ferme de Blanchampagne.

Le 1er hussards se trouve sur une petite pente à gauche de la route et sur un terrain vaseux. Le front du 1er escadron est aligné devant une haie d'un mètre, sa droite éloignée à vingt pas du bord de ce chemin, tandis que le reste du régiment est formé en bataille et en colonnes serrées, perpendiculairement à cette route. L'artillerie divisionnaire est plus rapprochée du village de Vaux ; les chasseurs d'Afrique sont plus loin, en avant d'un petit ruisseau.

Des bouquets d'arbres apparaissent çà et là. Les généraux Margueritte et Tillard se tiennent sous quelques-uns de ces arbres, qui se dressent à l'angle formé par la haie à la route. ,

Le général Margueritte, couché sur le côté, examine, à la lueur d'un petit feu, une carte étendue à terre. Son maréchal des logis porte-fanion est debout près de lui, avec un rouleau d'autres cartes à la main. Le jour décline sensiblement.

439 Le lieutenant de Ganay, qui commande à la ferme de Blanchampagne... en entendant le roulement du canon de Beaumont, a fait remonter aussitôt ses hommes à cheval ; puis, quittant la
440 ferme, se dirige à toute vitesse vers Mouzon. Franchissant cinq à six cents mètres sur une colline inaccessible aux autres chevaux..., il rejoint en un clin d'œil sa division...

« A cheval ! » commande le général Margueritte... Elles descendent les pentes rapides de la colline, croisant sur leur route l'escadron des guides et le bataillon du 3e grenadiers de la garde, qui, partis le matin de Raucourt, se rendent à la ferme de Baybelle. Mais là, elles sont obligées de s'arrêter au bas du chemin creux, à l'endroit où la route s'élargit en remblai, pour attendre la fin de l'encombrement.

En effet, au bruit du canon de Beaumont, le général Lebrun qui se préparait à marcher sur Carignan, comme il en avait reçu l'ordre, se ravise pour porter secours au général de Failly. Sur son ordre, trois brigades d'infanterie du XIIe corps rompent les faisceaux, et se disposent à pénétrer dans Mouzon, par la porte étroite de Bourgogne. Plusieurs brigades de cavalerie s'avancent en colonne serrée sur la route, et une longue file d'artillerie se déroule derrière elles, lorsque le maréchal de Mac-Mahon arrive...

La 1re division d'infanterie de Grandchamp marche alors avec ses deux brigades Cambriels et de Villeneuve, — la gauche en tête, — suivie par la division de cavalerie de Salignac-Fénelon.

rétrograder sur les hauteurs de la rive droite la brigade Cambriels, qui se trouvait la dernière, le maréchal invita la brigade de Villeneuve à passer sur la rive gauche. Retenant également la brigade de lanciers Savaresse, il laissa la brigade de cuirassiers continuer son mouvement.

227 Puis, donnant l'ordre aux batteries divisionnaires ou de réserve : 3e et 4e batteries du 8e régiment, de reprendre leur place sur les sommets qu'elles occupaient, le maréchal fit observer au général Margueritte qu'il lui serait impossible de traverser la ville, encombrée d'attelages de toute sorte, et qu'il valait mieux retourner à son campement. Engageant en même temps les 1er et 4e régiments d'infanterie de marine, 1re brigade Reboul, à ne pas aller plus loin, celle-ci revint auprès des 2e et 3e régiments de la 2e brigade Martin des Pallières.

Et du haut de ces plateaux, l'armée du maréchal assiste comme l'empereur à l'engagement meurtrier qui a lieu dans la plaine. On voit les nuages de fumée s'élever, tourbillonner en blancs flocons et s'évaporer dans l'air. On voit les obus tomber au milieu des troupes et leurs matières explosibles allumer des incendies dans les villages. Chaque éclat, chaque détonation que souffle le vent leur apporte... l'écho du combat qui augmente d'intensité.

251 Accueilli par une grêle de balles, le colonel Jamin du Fresnay est désarçonné par un éclat d'obus, qui fait cabrer son cheval et roule sur le sol. Son maréchal des logis trompette Bloum, vole à son secours. Mais pendant que le colonel reste évanoui sur la route, un nouvel obus éclate et tue raide ce malheureux officier supérieur, à l'endroit où il est inhumé le lendemain.

Dans cet engagement, un chasseur a été tué ; le capitaine Couderc, le sous-lieutenant Utignières et plusieurs chasseurs ont eux leurs chevaux tués sous eux ; le lieutenant-colonel Gontier prend le commandement du 8e chasseurs, qui repasse la Meuse...

Faisant rétrograder sur les hauteurs de la rive droite la brigade Cambriels, qui se trouve la dernière, le maréchal envoie seulement la brigade de Villeneuve sur la rive gauche... Retenant également la brigade de cuirassiers de Béville et le 8e chasseurs à cheval continuer le mouvement.

Puis, donnant l'ordre aux batteries divisionnaires ou de réserve : 3e et 4e batteries du 8e régiment d'artillerie, de reprendre leur place sur les sommets qu'elles occupaient, le maréchal fait observer au général Margueritte, qu'il lui sera impossible de traverser la ville, encombrée d'attelage de toutes sortes, et qu'il vaut mieux retourner à son campement. Engageant en même temps la 1re brigade Reboul (1er et 4e régiments d'infanterie de marine)... à ne pas aller plus loin, cette brigade revient auprès des 2e et 3e régiments de la 2e brigade Martin des Pallières.

441 Du haut de ces plateaux, l'armée du maréchal assiste, comme l'Empereur, à l'engagement meurtrier qui a lieu dans la plaine. On voit les nuages de fumée s'élever, tourbillonner en blancs flocons ou s'évaporer dans les airs. On voit les obus tomber au milieu des troupes et leurs matières explosibles allumer des incendies dans les villages. Chaque éclat, chaque détonation que souffle le vent, leur apporte l'écho du combat, qui se rapproche rapidement et augmente d'intensité.

448 Le régiment, accueilli par une pluie de balles, éprouve aussitôt des pertes.

Quelques chasseurs sont blessés ou renversés sans mouvements.

Le capitaine Couderc et le sous-lieutenant Utiguières ont leurs chevaux tués.

Désarçonné lui-même par un éclat d'obus qui a fait cabrer son cheval, le colonel Jamin du Fresnay roule sur le sol. Son maréchal des logis trompette, Bloum, vole à son secours. Mais pendant que le colonel reste évanoui sur la route, un nouvel obus éclate et le tue raide, à l'endroit où il était inhumé le lendemain.

Le lieutenant-colonel Gontier prend alors le commandement du 8e chasseurs qu'il fait battre en retraite...

SANGLANTS COMBATS	FRANCAIS ET ALLEMANDS

SANGLANTS COMBATS

GEORGE BASTARD

252   Vers 4 heures, les projectiles allemands... venaient tomber dans les rangs de la cavalerie... La brigade de Béville, formée en bataille, entre le chemin d'Autrecourt et le faubourg de Mouzon, subissait ce feu inexorable.

... Mais, pour ne pas rester dans la ligne du tir ennemi, la brigade tout entière se repliait à quelque distance, sur l'ordre du général de division de Salignac-Fénelon.

Le 5e cuirassiers, comme c'était son tour de l'être, se plaçait en tête, ayant sa droite peu éloignée du ruisseau d'Yoncq, qui, venant du village de Pourron, se jette en aval de Mouzon; le 6e cuirassiers restait au contraire à cinq cents mètres en arrière, perpendiculairemet au cours de la Meuse.

Dans l'intervalle des deux régiments se tenait le général de brigade Béville, avec les officiers d'ordonnance détachés près de lui pour la journée : le capitaine Ligier et le lieutenant Audéoud, du 6e, ainsi que le lieutenant de Beaurepaire, du 5e.

Les colonnes prussiennes s'avancent tout à coup à la lisière des grands bois et ripostent par leurs feux violents de mousqueterie.

253   Les grincements... car les projectiles ennemis pleuvent dans nos rangs. Les chevaux s'encapuchonnent pour faire tête à cette grêle de balles...

Le feu...; les premiers obus lancés tuent les trompettes Chambe, Lagrange et Dufour; leurs chevaux affolés s'enfuient, mais reviennent peu d'instants après.

Le cheval du sous-lieutenant Ducuing s'abat, mortellement atteint; mais l'officier se relève et happe au passage le cheval de Dufour. Le maréchal des logis Pilaud est blessé au bras gauche, son camarade Collignon est enlevé par un obus; leur chef, Baudry, est frappé en même temps de plusieurs éclats à la tête, à la cuisse.

Ce brave sous-officier, qui a tout le côté droit labouré et les deux poignets brisés, vient demander à son capitaine la permission de se rendre à l'ambulance.

Le fourrier Boutton, du 5e escadron, est littéralement coupé en deux par un obus; le maréchal Lenoble, du 2e escadron, a l'épaule emportée, et sa blessure inonde de sang son cheval gris, qui persiste à se maintenir dans les rangs.

Le lieutenant Géreau, qui a son cheval tué, le

FRANCAIS ET ALLEMANDS

DICK DE LONLAY

450   Vers 4 heures... En même temps l'infanterie allemande... ouvre un feu roulant sur la brigade de cuirassiers du général de Béville, qui reste seule en bataille dans la plaine..., entre le chemin d'Autrecourt et le faubourg de Mouzon.

Afin de ne pas rester dans la ligne du tir ennemi, la brigade tout entière se replie à quelque distance, sur l'ordre du général de division de Salignac-Fénelon.

Le 5e cuirassiers, comme c'est son tour de l'être, se place en tête, ayant sa droite peu éloignée du ruisseau d'Yoncq, qui, venant du village de Pourron, se jette en aval de Mouzon; le 6e cuirassiers reste au contraire à cinq cents mètres en arrière, perpendiculairement au cours de la Meuse. Dans l'intervalle des deux régiments se tient le général de brigade Béville, avec les officiers d'ordonnance détachés près de lui pour la journée : le capitaine Ligier et le lieutenant Audéoud, du 6e, ainsi que le lieutenant de Beaurepaire, du 5e.

L'ennemi s'avance toujours à la lisière des grands bois et redouble son feu de mousqueterie sur nos cuirassiers.

Les projectiles ennemis pleuvent dans les rangs du 5e régiment qui ne bouge pas et demeure impassible sous cette grêle de balles.

Bientôt les obus arrivent de tous côtés. Les trompettes Chambe, Lagrange et Dufour sont les premières victimes; leurs chevaux affolés s'enfuient, mais... reviennent peu d'instants après...

451   Le cheval du sous-lieutenant Ducuing, s'abat, mortellement frappé.... mais cet officier se relève aussitôt et remonte sur le cheval de Dufour.

Le maréchal des logis Pilaud a le bras gauche cassé; son collègue Collignon est enlevé par un obus; le... chef Baudry, est frappé en même temps par plusieurs éclats d'obus à la tête et à la cuisse.

Ce brave sous-officier, qui a, en outre, tout le côté droit labouré et les deux poignets brisés, vient demander à son capitaine la permission de se rendre à l'ambulance.

Le fourrier Boutton, du 5e escadron, est littéralement coupé en deux par un obus; le maréchal des logis Lenoble, du 2e escadron, a l'épaule emportée, et sa blessure inonde de sang son cheval gris, qui... refuse à sortir du rang.

Le lieutenant Géreau a son cheval tué et le

remplace par celui d'un maréchal-ferrant frappé
à mort. Et, sous cette pluie de balles ou d'obus
qui fait de nombreuses victimes, les trompettes,
ne portant rien qui leur protège la poitrine, s'em-
254 pressent de mettre pied à terre pour boucler la
cuirasse des hommes gisant autour d'eux.

Le cuirassier Villemin est atteint au cou, et le
maréchal des logis Lejeune, ayant son cheval
blessé, prend le sien. Le 5e cuirassiers exécute
alors quelques mouvements par échelons pour
s'abriter du feu...; tromper le tir des batteries
ennemies.

Les projectiles n'en causent pas moins d'affreux
ravages au milieu des rangs... Les balles continuent, plus serrées..., en s'aplatissant avec un
bruit métallique...

Les obus vont jeter le même désarroi jusque
dans les rangs du 6e cuirassiers, où le capitaine
Guibé a sa tunique déchirée.

Le cheval du capitaine Ligier est tué, celui du
sous-lieutenant Dubern est blessé. Un obus éclate
sous le ventre d'un cheval, et le capitaine adjudant-major Wolf, qui le monte, est projeté violemment à terre; mais l'homme et l'animal se
relèvent sans égratignure.

255 — Allons, dit un maréchal des logis chef à ses
hommes du 5e cuirassier, sentez la botte à
gauche.

Puis, s'adressant à une tête un peu folle :
— Voyons, Vinkarte, on ne g... pas ici comme
au quartier !...
— Ne blaguez pas, chef, on n'a pas plus peur
que vous... Vous le verrez tout à l'heure !
Et le malheureux le prouvait ensuite, car il
avait la jambe emportée.

Après plusieurs changements de front, exécutés au pas vers quatre heures et demie, le 5e cuirassiers est ramené en bataille à son point de
départ.

Mais le 5e escadron n'ayant pas entendu le
commandement de : « Pelotons... à gauche », arrive
en retard sur la ligne et se place à la droite du
3e escadron. D'ailleurs, ces divers mouvements
ont modifié la place ordinaire des escadrons; les
premiers se trouvent à la gauche du 5e cuirassiers,
inversé par demi-régiment dans l'ordre suivant :
5e et 3e, — 1er et 2e escadrons.

Tout l'état-major s'est rangé sur le front des
troupes, alignées comme pour une revue. Pendant
ce temps-là, les balles frappent, ricochent, blessent; les obus éclatent et tuent sans relâche.

remplace par celui d'un maréchal-ferrant frappé
à mort. Sous cette pluie de balles et d'obus qui
font de nombreuses victimes, les trompettes, qui
n'ont pas la poitrine protégée... mettent pied à
terre et bouclent sur leur tunique les cuirasses
des hommes gisant autour d'eux.

Le cuirassier Villemin est atteint au cou, et le
maréchal des logis Lejeune, ayant son cheval
blessé, prend le sien. Le 5e cuirassiers exécute
alors quelques mouvements par échelons pour
s'abriter du tir des batteries ennemies.

Les projectiles n'en causent pas moins d'affreux
ravages. Les balles arrivent plus serrées... les unes
avec un bruit métallique, s'aplatissant...

Les obus arrivent jusque dans les rangs du
6e cuirassiers, où le capitaine Guibé a sa tunique
déchirée.

Le cheval du capitaine Ligier est tué, celui du
sous-lieutenant Dubern est blessé. Un obus éclate
sous le ventre du cheval du capitaine adjudant-
major Wolff. Cet animal et son cavalier sont pro-
jetés violemment à terre; mais tous deux se relèvent sans la moindre égratignure.

452 — Allons, dit un maréchal des logis chef à ses
hommes, sentez la botte à gauche.

Puis, s'adressant à une tête un peu folle :
— Voyons, Vinkarte, on ne g... pas ici comme
au quartier !...
— Ne blaguez pas, chef, on n'a pas plus peur
que vous... Vous le verrez tout à l'heure !
Et le malheureux le prouvera, en effet, car il
aura la jambe emportée.

451 Après plusieurs changements de front, exécutés
au pas vers quatre heures et demie, le 5e cuirassiers est ramené en bataille à son point de départ.

Mais le 5e escadron, n'ayant pas entendu le commandement de : « Peloton... à gauche !» arrive en retard sur la ligne et se place à la droite du 3e escadron. D'ailleurs, ces divers mouvements ont
452 modifié la place ordinaire des escadrons; les
premiers se trouvent à la gauche du 5e cuirassiers, inversé par demi-régiment, dans l'ordre
suivant : 5e et 3e, — 1er et 2e escadrons.

Tout l'état-major se range sur le front des
troupes, alignées comme pour une parade à la
revue. Pendant ce temps-là, les balles frappent,
ricochent, blessent; les obus éclatent et tuent
sans relâche.

On chausse ses étriers jusqu'au talon, on rac-

256 Immobiles sous ces salves meurtrières, nos cuirassiers attendent impassibles, les étriers chaussés jusqu'au talon, les brides courtes et maintenant le cheval qui piaffe et s'ébroue avec fureur, sous le sifflement des projectiles ennemis.

Le cheval d'un capitaine du 2e escadron reçoit une balle au milieu du front; il encense avec acharnement, lorsqu'une seconde balle lui emporte la langue.

256 Mais... Le lieutenant-colonel Assant vient d'être atteint au flanc gauche par un obus. En tombant devant ses cuirassiers, il s'écrie : « Adieu, 257 mes amis! » Et son corps, qui n'est déjà plus qu'un cadavre, se renverse en arrière, puis s'affaisse comme une masse inerte, les muscles du visage contractés. Son cheval part au galop, mais il revient à sa place de combat.

A côté de lui, le commandant de Méautis reçoit un éclat qui traverse son manteau, roulé sur les fontes de sa selle. Le projectile, amorti par le choc, va l'atteindre au défaut de la cuirasse. Par miracle, une ceinture de cuir renfermant de l'or le préserve, elle lui sauve la vie; blessé grièvement, il se retire.

Le général de Failly... dépêche aussitôt vers ce régiment un de ses aides de camp, le commandant Haillot, avec mission d'en inviter le colonel à exécuter une charge sur le flanc gauche de son corps d'armée, pour dégager ce flanc...

Sans répondre un seul mot, sans une hésitation, le lieutenant-colonel... de Contenson fait mettre le sabre en main à ses escadrons.

258 ... Un éclat d'obus vient enlever le ceinturon du lieutenant Ozanne ainsi que son fourreau de sabre. Suffoqué, il tombe sur l'encolure de son cheval; mais il reprend bientôt connaissance et se remet vite en selle.

Puis, sans se retourner, sûr de la valeur de ses hommes, le colonel prononce ce mot avec sang-froid : « Chargez! »

Les trompettes sonnent...
Les escadrons s'ébranlent; ils se mettent presque de pied ferme au galop pour courir à l'ennemi... Les chevaux galopent, surexcités par une longue attente sous ce feu intense...

452 courcit ses rênes de bride et l'on caresse de la main l'encolure du cheval qui piaffe d'impatience et secoue la tête pour chasser les balles qui bourdonnent à ses oreilles.

Immobiles sous ces salves, nos combattants attendent les ordres.

Le cheval d'un capitaine du 2e escadron reçoit une balle au milieu du front; il encense avec acharnement lorsqu'une seconde balle lui emporte la langue.

Tout à coup, le lieutenant-colonel Assant chancelle, un obus la atteint au flanc gauche. « Adieu, mes amis! » s'écrie-t-il à ses cuirassiers, et son corps, qui n'est déjà plus qu'un cadavre, se renverse en arrière, puis roule sur le sol comme une masse inerte, les muscles du visage contractés. Son cheval part au galop, mais revient à sa place de combat.

A côté de lui, le chef d'escadrons de Méautis reçoit un éclat qui traverse son manteau, roulé sur les fontes de sa selle. Le projectile, amorti par le choc, va le frapper au ventre. Par miracle, une ceinture de cuir renfermant de l'or le préserve; elle lui sauve la vie. Toutefois, blessé grièvement, il n'en reste pas moins sur sa selle...

C'est alors que le général de Failly, voulant protéger le flanc gauche du 5e corps, envoie un aide de camp auprès de la brigade des cuirassiers.
Cet officier, le commandant Haillot, arrive à toute bride au 6e régiment pour lui transmettre 453 l'ordre d'arrêter les progrès de l'ennemi; il se porte immédiatement vers le 5e cuirassiers, afin de lui communiquer le même ordre.

... Sans contester l'inutilité du sacrifice qu'on impose à ses escadrons, prêt lui-même à donner sa vie sans réplique, le colonel de Contenson fait mettre le sabre à la main.

Dès le début..., un éclat d'obus vient enlever le ceinturon du lieutenant Ozanne, ainsi que son fourreau de sabre. Cet officier, un instant suffoqué..., tombe sur l'encolure de son cheval; mais il reprend bientôt connaissance et ressaisit son assiette.

Sachant bien... l'héroïque officier se dresse sur ses étriers, et, sans se retourner, sûr de la valeur de ses hommes, d'une voix sonore..., lance le commandement : « Chargez! »
Les trompettes sonnent... Les escadrons s'ébranlent et se mettent presque de pied ferme au galop, les chevaux étant plus que surexcités par cette longue attente sous le feu intense de l'ennemi.

Le 5ᵉ cuirassiers marche admirablement en ligne... dans son ordre naturel de bataille, et comme sur le terrain de manœuvres : chaque officier en tête de son peloton, les capitaines en avant de leur escadron et le colonel à vingt-cinq
261 pas devant eux..., entraînant à sa suite le commandant de Méautis, qui, malgré sa blessure, ne voulait pas séparer son sort de celui de ses escadrons, ainsi que le docteur Jourdan, qui se mêlait courageusement à la charge.

258 ... A cette apparition subite, le 27ᵉ régiment allemand fait halte, tandis que les fractions dispersées du 93ᵉ prussien se placent immédiatement
261 sur les ailes, front vers Mouzon...
Le régiment gravissait une légère pente, en rencontrant de rares fantassins qui tiraillaient isolément et se rejetaient de côté avec précipitation, pour laisser passer ce torrent de cavaliers.
En quelques foulées de galop, il avait parcouru deux cents mètres environ sur un sol mouvant...

261 Pas un coup de fusil n'éclate. Le grondement sourd du canon s'est interrompu. Le feu crépitant de la fusillade a cessé. Tout s'éteint et se tait. Le silence règne sur cette partie du champ de bataille, où l'on entend... le bruit sourd et prolongé de cette course rapide, haletante, dans les terres labourées...

262 Pas un coup de feu cependant ne part. Mais tous s'agenouillent pour nous recevoir.
Les cuirassiers s'avancent à bride abattue vers ces lignes, hérissées de baïonnettes et prêtes à vomir la flamme et le plomb. Le corps couché sur l'encolure, la crinière flottant au vent, dressés sur leurs étriers, le bras droit tendu, la latte bien horizontale avec la poignée à hauteur des yeux, serrant leurs rênes dans leur main crispée, ils enfoncent l'éperon dans les flancs de leurs montures et fondent tête baissée sur les fusiliers de Magdebourg, qui s'espacent entre eux pour laisser couler le flot.

Plus que cent mètres à franchir avant d'aborder l'ennemi, lorsque le front du régiment vient se heurter contre le chemin creux...
Les cavaliers du premier rang sont précipités les uns sur les autres ou renversés pêle-mêle par le second rang. L'ordre de la charge est rompu ; la mitraille éclate ; elle s'abat avec violence sur les escadrons désunis ; elle couvre ce chemin creux, où nombre d'officiers et de cavaliers sont tués, blessés, démontés.

Les cuirassiers français... se précipitent en ligne, dans leur ordre naturel de bataille, et comme sur le terrain de manœuvres : chaque officier en tête de son peloton, les capitaines en avant de leurs escadrons et le colonel de Contenson à vingt-cinq pas devant eux. Le commandant de Méautis, malgré sa blessure, n'a pas voulu séparer son sort de celui de ses escadrons, ainsi que le médecin-major Jourdan, qui s'est mêlé courageusement à la charge.

A l'apparition subite de ce vaillant régiment, le 27ᵉ régiment prussien,... fait halte, tandis que les fractions dispersées du 93ᵉ prussien se placent immédiatement sur les ailes, front vers Mouzon.
Les cuirassiers gravissent une légère pente, en rencontrant de rares fantassins qui tiraillent isolément et se rejettent de côté avec précipitation pour laisser passer ce torrent de cavaliers.
En quelques foulées de galop, ceux-ci ont parcouru deux cents mètres environ sur un sol mouvant...

Pas un coup de fusil n'éclatait... Rien que l'ébrouement saccadé des chevaux au milieu de cette course rapide, haletante, dans les terres labourées.
Le grondement sourd du canon s'est interrompu. Le feu crépitant de la fusillade a cessé. Tout s'éteint et se tait. Le silence règne au-dessus du champ de bataille...

454 Pas un coup de feu cependant ne partait. Mais tous s'agenouillaient pour nous recevoir.
Nos cuirassiers s'avancent vers ces lignes, hérissées de baïonnettes et prêtes à cracher la mitraille. Le corps couché sur l'encolure, avec la crinière flottant au vent, ils bondissent sur le sol qu'ils font trembler.
Dressés sur leurs étriers et le bras droit tendu, la latte bien horizontale avec la poignée à la hauteur des yeux, serrant leurs rênes dans leur main crispée, ils enfoncent l'éperon dans les flancs de leur monture et fondent tête baissée sur les fusiliers de Magdebourg, qui déjà s'espacent entre eux pour laisser couler le flot.
Plus que cent mètres à franchir avant d'aborder l'ennemi, lorsque le front du régiment vient se heurter contre une route encaissée...
Les cavaliers du premier rang sont alors précipités les uns sur les autres ou renversés pêle-mêle par le second rang. L'ordre de la charge est rompu et la mitraille éclate ; elle s'abat avec violence sur les escadrons désunis, elle couvre ce chemin creux, où nombre d'officiers et de cavaliers sont tués, blessés, démontés.

263 Les 1er et 2e escadrons qui formaient la gauche se mettent aussitôt au trot pour faire une conversion et éviter l'obstacle imprévu. Un temps d'arrêt se produit.

Le général de Béville se rapproche alors et envoie les lieutenants de Beaurepaire, Audéoud, pour faire retirer le régiment. Mais l'ordre arrive trop tard.

263 Les 1er et 2e escadrons ont déjà franchi la route et escaladé les fossés qui la bordent, pour se remettre face à l'ennemi.
Placés en colonne, par le mouvement de flanc, ils s'efforcent de rattraper à une allure désordonnée les 5e et 3e escadrons de l'aile droite, qui arrivaient à plein galop en terrain parfaitement uni sur les 11e et 12e compagnies du 27e prussien.

A ce moment, le capitaine Péan et le sous-lieutenant Pourtier, qui étaient botte à botte avec le chef d'escadrons Brincourt, voient leur commandant tomber mort.
Et tout un escadron passe sur son corps inanimé, étendu la face contre terre et les pieds tournés vers l'ennemi, atteint derrière l'oreille par une balle qui avait en même temps broyé le couvre-nuque de son casque...

Alors le brave colonel de Contenson commande de nouveau la charge, d'une voix vibrante, en
264 élevant son sabre... Mais la lame retombe. Il est foudroyé...

Le capitaine adjudant-major Souchon roule à terre avec son cheval percé de cinq balles ; trois autres se logent dans le porte manteau de l'adjudant Carroy, et une quatrième le blesse mortellement au bas-ventre.
Le maréchal des logis trompette Schaub, s'arrête sous cette violente fusillade. Il descend de cheval, assiste son colonel et constate qu'il a le haut du front emporté par un projectile.

N'ayant pas de cuirasse, il endosse la sienne, lui croise les bras sur la poitrine et saute en selle pour rejoindre ses camarades.

265 La plupart des officiers succombent, les cuirassiers sont tués en abordant la ligne...

Le lieutenant Ozanne fond sur un tirailleur qui l'ajuste à dix ou quinze pas ; mais une balle brise la poignée de son sabre en lui arrachant l'annulaire de la main droite.

Les 1er et 2e escadrons, qui forment la gauche, se mettent aussitôt au trot pour faire une conversion et éviter cet obstacle imprévu. Un temps d'arrêt se produit.

453 Au moment où le régiment s'élançait à la charge, le lieutenant de Beaurepaire, du 5e cuirassiers, officier d'ordonnance du général de Béville, apportait au galop l'ordre de se retirer ; mais il était trop tard...

454 ...ces deux escadrons franchissent la route et escaladent les fossés qui la bordent, pour se remettre en face de l'ennemi. Placés en colonne, par le mouvement de flanc, ils s'efforcent de rattraper, à une allure désordonnée, les 5e et 3e escadrons de l'aile droite, qui arrivent, à plein galop, en terrain parfaitement uni, sur les 11e et 12e compagnies du 27e... prussien.
A ce moment, le chef d'escadrons Brincourt, qui charge botte à botte avec le capitaine Péan et le sous-lieutenant Pourtier, roule à terre mortellement frappé.
Tout un escadron passe sur son corps inanimé, étendu la face contre terre et les pieds tournés vers l'ennemi. Une balle l'a atteint derrière l'oreille et en même temps a broyé le couvre-nuque de son casque.

455 Le brave colonel Contenson va aborder le premier la ligne ennemie : Chargez, répète-t-il, d'une voix vibrante... en élevant son sabre. Au même instant, il tombe de cheval, foudroyé...

Le capitaine adjudant-major Souchon roule à terre avec son cheval percé de cinq balles ; trois autres se logent dans le porte manteau de l'adjudant Carroy, qui reçoit en même temps une blessure mortelle au bas-ventre.
Le maréchal des logis trompette Schaub, s'arrête sous cette violente fusillade. Il descend de cheval, court à son colonel et constate que ce malheureux officier a eu le haut du front emporté par un projectile.

N'ayant pas de cuirasse, il endosse celle de son chef, lui croise les bras sur la poitrine et saute en selle pour rejoindre ses camarades.

La plupart des officiers succombent, les cuirassiers sont tués en abordant la ligne.

Le lieutenant Ozanne fond sur un tirailleur qui l'ajuste à une dizaine de pas ; mais la balle brise la poignée de son sabre, en lui arrachant l'annulaire de la main droite.

Le cheval du sous-lieutenant Camin se cabre ; il se renverse sur son malheureux cavalier, déjà blessé...; le sous-lieutenant Portalis tombe, frappé au côté gauche par un projectile qui s'aplatit sur sa cuirasse et lui coupe la respiration.

Le sous-lieutenant Ducuing est également projeté sur le sol par son cheval, laissé mort; il se retire avec plusieurs doigts de moins. Le sous-lieutenant Pourtier est criblé de coups de feu à la jambe et au bras ; comme lui, reçoivent encore différentes blessures... les sous-lieutenants de Beauchaine, Doutreleau. Stoll.

266 ... Le maréchal des logis Heitzmann périt dans la lutte...; les sous-officiers Lavillette, Hergaud. Rosié. Tassin. qui sont désarçonnés, se retirent contusionnés...

Les lieutenants Poilleux, Géreau, les sous-lieutenants Bouché, Desportes, Mathieu, ainsi que l'adjudant Vigoureux, tombent avec leurs chevaux ; mais ils se relèvent, la cuirasse bosselée, le casque perforé, les épaulettes échenillées par les balles.

... les cuirassiers Gaudard, Barret, Lépine, Vinkarte. Espinasse, Girard...; ils restent étendus sans mouvement... dans des flaques de sang.

Vers le haut du mamelon. entre Pourron et Autrecourt, des carrés prussiens se sont formés ; une compagnie a mis un genou en terre pour mieux viser. Et tous ont laissé le reste du régiment arriver jusqu'à quarante mètres.

Les balles tirées à bout portant terrassent...

267 Des cavaliers pénètrent cependant jusqu'au milieu des batteries, où ils sont achevés. Le cuirassier Campan y parvient sans défense aucune, la mâchoire fracassée.

Le brigadier Monchotte, ainsi que les cuirassiers Alamagny, Betlem, ont une main emportée; les nommés Antoine. Defauchaux, reçoivent de graves blessures aux bras. Les brigadiers Brissinger, Pauvif, Chalimbaud, se font tuer avec une étonnante bravoure.

Il en est qui. ne tenant plus qu'un tronçon de sabre à la main ou la garde de leur latte..., cherchent à leurs côtés un fourreau tordu pour se défendre ou frapper encore.

... Quelques-uns, comme les cuirassiers Prudhomme, Denis, Soraux, Hirtz, Deloby, Tournaux, Legrand, s'acharnent contre leur adversaire avec toute l'énergie du désespoir. Hélas! leur fin n'est pas douteuse.

Le cheval du sous-lieutenant Camin se cabre et se renverse sur cet officier, déjà blessé...

Le sous-lieutenant Portalis tombe, frappé au côté gauche par un projectile qui enfonce le côté gauche de sa cuirasse... et lui coupe la respiration... Le sous-lieutenant Ducuing est également jeté sur le sol par son cheval, laissé mort, et se retire avec plusieurs doigts de moins.

Le sous-lieutenant Pourtier est criblé de coups; le pauvre officier compte quatre éclats d'obus au bras droit et une balle à la jambe gauche. Auprès de lui sont blessés les sous-lieutenants de Beauchaine, Doutreleau. et... Stoll.

456 Les maréchaux des logis Delcourt et Heitzmann sont tués...; les maréchaux des logis Lavillette, Hergaud. Rosié, Tassin, qui sont désarçonnés, se retirent contusionnés.

Les lieutenants Poilleux, Géreau, les sous-lieutenants Bouché, Desportes. Mathieu, ainsi que l'adjudant Vigoureux, tombent avec leurs chevaux, mais ils se retirent, la cuirasse bosselée, le casque perforé, les épaulettes effrangées par les balles.

Les cuirassiers Gaudard. Barret, Lépine, Vinkarte, Espinasse, Girard, gisent inanimés dans des flaques de sang.

Vers le haut du mamelon, entre Pourron et Autrecourt, des carrés prussiens se sont formés et ont mis le genou en terre pour mieux viser. Tous ont laissé les débris du... arriver jusqu'à cinquante mètres.

Les balles, tirées à bout portant, s'abattent...

Des cavaliers pénètrent jusqu'au milieu des batteries prussiennes, où ils sont achevés. Le cuirassier Campan y parvient sans défense aucune, la mâchoire fracassée. Le brigadier Monchotte, ainsi que les cuirassiers Alamagny et Betlem ont une main emportée; les nommés Antoine et Defaucheux, reçoivent de graves blessures aux bras. Les brigadiers Brissinger, Pauvif, Chalimbaud. se font tuer avec une étonnante bravoure.

Quelques-uns de ces braves gens n'ayant plus à la main qu'un tronçon de leur latte. le jette et saisissent leur fourreau pour se défendre ou frapper encore.

Les cuirassiers Prudhomme, Denis, Soraux, Hirtz, Deloby. Tournaux, Legrand, s'acharnent contre leurs adversaires, avec toute l'énergie du désespoir. Hélas! leur fin n'est pas douteuse.

267 L'un d'eux, montant un cheval superbe, la tête nue et portant les galons de maréchal des logis, ses vêtements déchiquetés, ses basanes en morceaux, son paquetage mis en pièces par les projectiles, arrive droit sur le capitaine Helmuth : il lui porte un coup terrible que celui-ci pare de son sabre.

Un nouveau coup de pointe brise le sabre du capitaine..., et, lorsque blessé..., sanglant, à demi-mort, le malheureux cuirassier rend son arme... vingt balles le couchent à terre.

457 ... Un maréchal des logis, montant un cheval superbe, les vêtements déchirés, la tête nue, ses basanes en morceaux, son paquetage mis en pièces par les projectiles, arrive droit sur le capitaine prussien Helmuth... il lui porte un coup terrible que celui-ci pare de son sabre : un nouveau coup de pointe brise l'arme du capitaine alle-

458 mand... et lorsque le malheureux cuirassier, sanglant, à demi-mort, rend son arme... vingt balles le couchent à terre.

268 Au milieu des nuages... passe le trompette Pinchon, qui, le sabre au poing..., va s'affaisser sur la deuxième ligne prussienne.

Le maréchal des logis Cornuejols a franchi la chaîne des tirailleurs, traversé les compagnies allemandes et reçu quatre décharges successives à dix mètres. Une balle lui a fracturé l'humérus gauche, l'autre a cassé la clavicule droite, une troisième l'a blessé au cou et la dernière atteint à l'aine. Sans bras et sans force pour dompter sa bête emportée il vient échouer sur une colonne en réserve qui lui barre la route. Passant alors une jambe par-dessus l'encolure de son cheval, il se laisse glisser jusqu'à terre, où il tombe évanoui ; les Prussiens le traînent ensuite dans un fossé du chemin.

Les débris du 5e cuirassiers sont allés ainsi se briser du côté de la voie romaine contre une batterie d'artillerie appuyée par l'infanterie.

Un talus, en contre-haut de deux pieds, a naturellement arrêté leur élan... Nos intrépides cavaliers sont massacrés à vingt mètres.

Les cuirassiers Hinard, Ancelot, Fagant, Fouque, Mouflin, Emel, Lérique Cassagne, Marguerite, sont mutilés par les balles ennemies. Le trompette Blanc, du 2e escadron, est tué près de

269 son capitaine. Le sang ruisselle de sa tête sur sa cuirasse, mais le corps reste ferme en place. Enfin il chancelle et s'abat lourdement à terre.

Sous ce feu éclatant, le 5e cuirassiers semble s'être évanoui dans la fumée. Ses débris sanglants gisent cependant sur le sol et les blessés expirent dans les dernières convulsions. Des casques écrasés et des lames brisées jonchent la terre ; des cuirasses... Et le sang coule dans les sillons, s'élargit en flaques rouges...

Les brides de mors étant coupées et hachées, les cavaliers n'ayant plus rien en main, les chevaux font volte-face d'eux-mêmes...

...tous alors redescendent au galop la pente qu'ils avaient montée, essuyant le feu des pelotons ennemis jusqu'à la Meuse.

... les cavaliers n'étant plus maîtres de leurs

Le trompette Pinchon traverse, le sabre au poing, la première ligne... et va s'affaisser sur la deuxième ligne prussienne.

Le maréchal des logis Cornuejols franchit la chaîne des tirailleurs, traverse les compagnies allemandes et reçoit quatre décharges successives à dix mètres. Une balle lui fracture l'humérus gauche, une autre lui casse la clavicule droite, une troisième le blesse au cou et la dernière l'atteint à l'aine. Sans bras et sans force pour maîtriser sa monture emballée, il vient échouer sur une colonne de réserve, qui lui barre la route. Passant alors une jambe par-dessus l'encolure de son cheval, il se laisse glisser jusqu'à terre, où il tombe évanoui ; les Prussiens le traînent ensuite dans un fossé du chemin.

Les débris du 5e cuirassiers sont allés ainsi se briser du côté de la voie romaine, contre une batterie d'artillerie appuyée par l'infanterie, que protège un talus, en contre-haut de deux pieds. Nos intrépides cavaliers sont massacrés à vingt mètres.

Les cuirassiers Hinard, Ancelot, Fagant, Fouque, Mouflin, Emel, Lérique, Cassagne, Marguerite, sont mutilés par les balles ennemies. Le trompette Blanc, du 2e escadron, est tué près du capitaine Péan. Le sang ruisselle de sa tête sur sa tunique, mais le corps reste ferme en place. Enfin, il chancelle et s'affaisse lourdement à terre.

Sous ce feu terrible, le 5e cuirassiers semble s'être évanoui dans la fumée. Ses débris sanglants gisent sur le sol où les blessés expirent dans les dernières convulsions. Des casques écrasés, des cuirasses percées à jour, des lattes brisées jonchent la terre, et le sang coule dans les sillons, s'étendant en larges flaques rouges.

Les brides de mors ont été coupées, hachées par les balles ; les cuirassiers ne peuvent plus conduire leurs chevaux qui font volte-face d'eux-mêmes et redescendent au galop la pente qu'ils ont montée, essuyant le feu des pelotons ennemis jusqu'à la Meuse.

Les cavaliers n'étant plus maîtres de leurs

montures les dirigent comme ils peuvent avec leurs jambes, avec leur sabre, s'ils l'ont encore.

270   Des cuirassiers démontés sont ramenés... D'autres pour se soustraire aux mains de l'ennemi, s'accrochent aux jambes des cavaliers. Entraînés à plus de cent mètres, certains d'entre eux lâchent prise et se trouvent piétinés sous les sabots.

Le cheval du fourrier Pascaud franchit d'un bond le corps contusionné du lieutenant Poilleux, qui se relève les doigts meurtris. Quelques officiers, car presque tous ont eu leurs chevaux tués, enfourchent de simples chevaux d'attelage et reviennent noirs de poudre.

Et... le sous-lieutenant Desportes, qui est tout couvert de sang. Son cheval, emporté, a reçu un projectile dans les naseaux, et, en s'ébrouant, à chaque mouvement qu'il fait, il lance sur lui des jets sanglants.

Mais à la voix héroïque de leurs chefs que les balles ont épargnés, quelques cuirassiers réussissent à se grouper. Les capitaines Faure, Marçais, de la Gournerie, font sonner le ralliement et parviennent à rassembler une vingtaine d'hommes du 1er escadron ainsi qu'une cinquantaine dans chaque autre.

271   Par cette sublime charge, le mouvement de l'infanterie et l'attaque de la cavalerie prussiennes se trouvaient provisoirement suspendus...

Chacun arrive enfin jusqu'au bord de la Meuse. On se reconnaît, on se serre la main avec effusion. Les uns y viennent à pied, avec la cuirasse défoncée et le cimier enlevé, n'ayant plus sur la tête que la bombe du casque; les autres y accourent sur des chevaux appartenant à l'artillerie et au train..., le sous-lieutenant Mathieu apparaît...

... Les ponts, les gués, tous les passages sont également obstrués...

272   Le maréchal des logis chef Lavillette, qui a pris un autre cheval, réussit à sauver le cuirassier Bernard, saisi à la jambe par un fantassin du 30e de ligne qui se noyait et l'entraînait dans le fleuve. Hélas! combien d'autres pauvres gens s'en vont ainsi à la dérive sur la Meuse sans qu'on puisse leur porter secours !...

Le lieutenant Ozanne, qui galopait le long du fleuve avec le lieutenant de Beauchaine, rencontre deux cuirassiers. Il revient avec eux du côté de Mouzon, franchit une haie et se trouve au milieu d'un jardin.

Les cavaliers mettent aussitôt pied à terre pour démolir la porte. Leur abandonnant alors sa

montures, les dirigent comme ils peuvent, avec leurs jambes, avec leur sabre, s'ils l'ont encore.

Des cuirassiers démontés, pour ne pas tomber aux mains de l'ennemi, s'accrochent aux jambes de leurs camarades montés. Entraînés à plus de cent mètres, plusieurs d'entre eux lâchent prise et sont foulés sous les pieds des chevaux.

Celui du fourrier Pascaud franchit d'un bond le corps contusionné du lieutenant Poilleux, qui se relève les doigts meurtris. Quelques officiers, 459 car presque tous ont leurs chevaux tués, enfourchent de simples chevaux d'attelage et reviennent noirs de poudre.

Le sous-lieutenant Desportes est tout couvert de sang par son cheval, qui a reçu une balle dans les naseaux, et, en s'ébrouant avec fureur, lance sur son cavalier des jets sanglants.

Enfin, à la voix des chefs que les balles ont épargnés, quelques cuirassiers réussissent à se grouper. Les capitaines Faure, Marçais, de la Gournerie, font sonner le ralliement et parviennent à rassembler une vingtaine d'hommes du 1er escadron, ainsi qu'une cinquantaine dans chaque autre.

Cette sublime charge a été couronnée de succès, car elle a provisoirement suspendu l'attaque de l'ennemi.

Chacun arrive enfin jusqu'au bord de la Meuse. On se reconnaît, on se serre la main avec effusion. Les uns y viennent à pied, avec la cuirasse défoncée et le cimier enlevé, n'ayant plus sur la tête que la bombe du casque; les autres y accourent sur des chevaux appartenant à l'artillerie ou au train, le sous-lieutenant Mathieu en tête.

Malheureusement, les ponts, les gués, les passages sont encore encombrés...

460   Le maréchal des logis chef Lavillette, qui a pris un autre cheval, réussit à sauver le cuirassier Bernard, saisi à la jambe par un soldat du 30e de ligne qui se noie et l'entraîne dans le fleuve. Hélas! combien d'autres pauvres gens s'en vont ainsi à la dérive, sur la Meuse, sans qu'on puisse leur porter secours !...

Le lieutenant Ozanne, qui galope le long du fleuve avec le lieutenant de Beauchaine, rencontre deux cuirassiers. Il revient avec eux du côté de Mouzon, franchit une haie et se trouve au milieu d'un jardin. Les cavaliers mettent aussitôt pied à terre, démolissent la porte et parviennent au pont du faubourg de Mouzon, qui est rempli de monture, qui ne tarde pas d'ailleurs à leur échapper, le lieutenant Ozanne sort en face du pont, qui est rempli de soldats. Une ambulance formée par un médecin de marine est située au milieu d'un champ. Il s'y rend pour se faire panser.

Peu après, l'adjudant Vigoureux, qui avait été démonté dans la charge, rattrapait le cheval de son lieutenant et s'élançait ventre à terre vers la Meuse.

L'artillerie prussienne fauche les rives avec ses obus, qui font voler la terre de toutes parts...

273 ... Et, au milieu des chariots qu'on s'efforce de hisser sur le talus élevé de la berge, parvient l'adjudant Vigoureux. Mais son cheval reçoit une nouvelle blessure qui l'oblige à l'échanger contre un autre.

Pendant ce temps, le chef du 5e escadron opérait une seconde traversée pour mettre en croupe une malheureuse cantinière blessée, qui poussait des cris déchirants. Des fantassins éclopés échappent ainsi aux projectiles, grâce au dévouement de quelques cuirassiers, car toute chance de salut leur semble perdue...

Les derniers arrivants se jettent alors dans la Meuse avec leurs chevaux épuisés ; quelques-uns d'entre eux sont emportés par le courant... d'autres gagnent le bord opposé après maintes difficultés ; mais en voulant grimper sur la berge ils se renversent dans la rivière, où ils périssent. Beaucoup de cavaliers à pied se précipitent résolument au milieu du fleuve et parviennent jusqu'à l'autre rive, où les balles les atteignent. Plusieurs, attirés au fond du gouffre par le poids de leur armure, disparaissent sous l'onde...

274 Peu à peu, les débris du régiment se reforment ainsi.

Puis, haletants, surexcités par le bruit, la mitraille et la poudre, ils arrivent à bride abattue jusqu'à la route. Au coin d'une maisonnette, seul, à pied, se tenait le général Cambriels, qui leur cria :

— Braves cuirassiers, je vous ai vus tous à l'œuvre et je vous félicite de grand cœur.

— Vive le général ! répondent-ils...

Au nombre de cent trente-six environ, les cavaliers arrivent... Ils parviennent à se rallier derrière Mouzon, près de cette route qui conduit à Douzy, à côté du 6e cuirassiers. Le capitaine Péan en prend d'abord le commandement, qu'il cède bientôt au capitaine Honoré, plus ancien que lui. Le commandant de Méautis, qui,

soldats. Leur abandonnant sa monture, qui ne tarde pas d'ailleurs à leur échapper, le lieutenant Ozanne se rend à une ambulance, formée par un médecin de marine et établie non loin de là, au milieu d'un champ, afin de faire panser sa main...

Peu après, l'adjudant Vigoureux, qui a été démonté pendant la charge, rattrape le cheval de son lieutenant et s'élance ventre à terre vers la Meuse.

L'artillerie prussienne fauche les rives de la Meuse avec ses obus, qui font voler la terre de toutes parts, et, au milieu des chariots qu'on s'efforce de hisser sur le talus de la berge, parvient l'adjudant Vigoureux. Mais son nouveau cheval reçoit une blessure, qui oblige son cavalier à le remplacer encore par un autre.

Pendant ce temps, le capitaine... opère une seconde traversée de la Meuse pour prendre en croupe une malheureuse cantinière blessée, qui pousse des cris déchirants. Des fantassins éclopés échappent ainsi aux projectiles, grâce au dévouement de quelques cuirassiers, car toute 461 chance de salut leur semble perdue.

Le courant est rapide, les chevaux sont épuisés, blessés ; un grand nombre avec leurs cavaliers, sont emportés par les eaux. D'autres gagnent le bord opposé après des difficultés inouïes, mais en voulant grimper sur la berge ils se renversent dans la rivière où ils périssent. Beaucoup de cavaliers... se précipitent résolument au milieu du fleuve et parviennent jusqu'à l'autre rive, où les balles les atteignent. Plusieurs, attirés au fond du gouffre par leur armure, disparaissent sous les eaux.

461 Peu à peu, les rares survivants échappés au massacre, se reforment...

Haletants, surexcités par le bruit, la mitraille et la poudre, ils arrivent à bride abattue jusqu'à la route. Au coin d'une maisonnette, seul, à pied, se tient le général Cambriels, qui leur crie :

— Braves cuirassiers, je vous ai vus tous à l'œuvre et je vous félicite de grand cœur.

— Vive le général ! répondent...

Cent trente-six officiers, sous-officiers et soldats du 5e cuirassiers parviennent à se rallier derrière Mouzon, près de la route qui conduit à Douzy, à côté du 6e cuirassiers.

Le capitaine Péan en prend d'abord le commandement, qu'il cède bientôt au capitaine Honoré, plus ancien que lui. Le commandant de malgré ses souffrances, a pu se cramponner aux oreilles de son cheval pour l'aider à sortir de l'eau comme en rampant, réunit alors les fractions éparses de ce régiment martyr...

C'est d'abord le brigadier Haunesser qui est seul à pied, tenant toujours à la main son sabre nu; c'est ensuite un chevronné ayant plus de vingt ans de services nommé Lurac, qui rejoint
275 son escadron avec toutes ses armes et sa selle sur le dos, comme s'il revenait de l'exercice et rentrait dans la chambrée.

... Celle de l'adjudant-major Boilvin n'a rien reçu, mais le cavalier a eu le menton endommagé, les épaulettes enlevées, le casque traversé, une croix formée sur sa cuirasse par deux projectiles arrivés en sens inverse. On peut voir la cuirasse du capitaine Faure avec un large renfoncement produit par le choc d'un éclat d'obus, celle du lieutenant Poilleux vrillée en plusieurs endroits par quatre balles, une cinquième s'est égarée dans l'épaulette gauche et ses houseaux ont été déchiquetés... Le capitaine Malassiné, en partant, avait glissé négligemment dans sa botte un petit jonc qui a été coupé par un projectile à la hauteur du genou.

On se compte. On fait l'appel dans les escadrons. Beaucoup y manquent et n'y répondront
276 jamais. Dix-sept officiers ont été touchés, douze sous-officiers ont été tués ou blessés. Ont été mis hors de combat : dans le 1er escadron, vingt-sept hommes; au 2e, dix-neuf; au 3e, dix-sept, et au 5e, vingt-sept.

277 Et leur vaillant chef de Contenson — cet intrépide colonel mort jeune à la tête de son régiment — est inhumé à l'endroit où il avait rendu sa fière âme de soldat. Non loin de là, se dresse aujourd'hui sur la voie romaine le monument érigé à sa mémoire.

Son brave commandant, le chef d'escadrons Brincourt, est enseveli dans un champ, près du chemin creux où la mort l'avait pris, pour être déposé huit jours après au cimetière de Sedan, sa ville natale.

Méautis, qui, malgré ses souffrances, a pu se cramponner aux oreilles de son cheval, pour l'aider à sortir de l'eau, comme en rampant, réunit alors les fractions éparses de ce régiment martyr.

Le brigadier Haunesser arrive seul, à pied, tenant toujours à la main son sabre nu; un vieux *briscard* nommé Lurac, ayant plus de vingt ans de services, rejoint son escadron avec toutes ses armes et sa selle sur le dos, comme s'il revenait de l'exercice et rentrait dans la chambrée.

456 Le capitaine adjudant-major Boilvin a le menton déchiré par une balle, les épaulettes d'or enlevées, le casque traversé, une croix formée sur sa cuirasse par deux projectiles arrivés en sens inverse. La cuirasse du capitaine Faure est fortement bossuée par le choc d'un éclat d'obus; celle du lieutenant Poilleux est pour ainsi dire vrillée en plusieurs endroits par quatre balles; une cinquième s'est égarée dans l'épaulette gauche, et ses houseaux ont été lacérés... Le capitaine Malassiné, en partant pour la charge, a glissé négligemment dans sa botte un petit jonc qui est coupé par un projectile à la hauteur du genou.

461 On se compte. On fait l'appel dans les escadrons. Beaucoup y manquent et n'y reviendront jamais. Dix-sept officiers ont été touchés, douze sous-officiers ont été tués ou blessés. Ont été mis hors de combat : dans le 1er escadron, vingt-sept hommes; au 2e, dix-neuf; au 3e, dix-sept, et au 5e, vingt-sept.

Et leur vaillant chef — cet intrépide colonel de Contenson, mort tout jeune encore à la tête de son régiment — est inhumé à l'endroit où il a rendu sa fière âme de soldat. Non loin de là, se dresse aujourd'hui, sur la voie romaine, le monument érigé à sa mémoire.

Son brave commandant, le chef d'escadrons Brincourt, est enseveli dans un champ, près du chemin creux, où la mort l'a pris, pour être déposé, huit jours après, au cimetière de Sedan, sa ville natale.

53 — Paris, Société anonyme de l'imprimerie Kugelmann (G. Balitout, directeur), 12, rue de la Grange-Batelière.

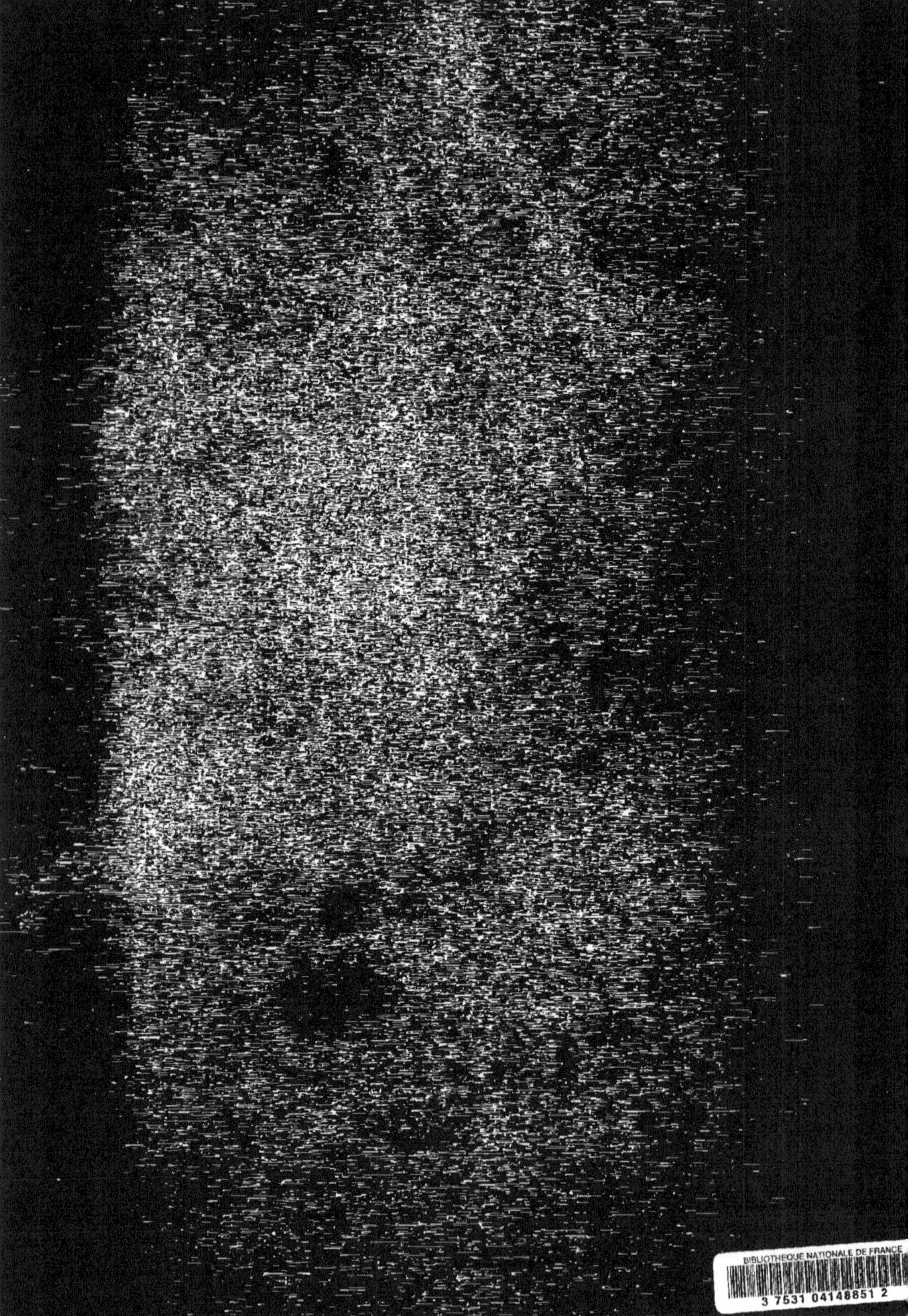